AF559305

LAGE & ROY

Ravi Roy
Carola Lage-Roy

Homöopathischer Ratgeber

Schutz vor Strahlung

Radioaktivität, Röntgen und Sonne

LAGE & ROY

Unserem Sohn Aron, geboren 1986,
sowie allen Kindern
und Ungeborenen gewidmet.

Wir danken allen,
die uns bei der Arbeit an diesem Ratgeber unterstützt haben,
insbesondere Herrn Kastl für das Korrekturlesen des physikalischen Teils.

Ravi Roy
Carola Lage-Roy

Homöopathischer Ratgeber 13

Schutz vor Strahlung
Radioaktivität, Röntgen und Sonne

Waldstraße 6 · 82418 Murnau-Westried
Tel. +49 (0)8841 4455 · www.lage-roy.de

1. Auflage – Juli 1986
3. überarbeitete Auflage – Juli 1989
6. Auflage – Juli 2011
8. vollständig überarbeitete und erweiterte Auflage – Mai 2016
9. Auflage August 2023

Druck: Druckerei Steinmeier, Deiningen

ISBN 978-3-929108-13-2

Inhalt

Vorwort

zur 1.–4. Auflage

Spätestens seit Tschernobyl ist das Thema Radioaktivität so aktuell geworden, daß sich jeder damit beschäftigen muß.

Für alle – unabhängig davon, ob sie sich bisher damit auseinandergesetzt hatten oder nicht – ist der Reaktorunfall von Tschernobyl eine Chance, zu lernen und sich vorzubereiten auf die radioaktive Belastung, der wir wohl nicht ausweichen werden können.

Mit der Entdeckung der Röntgenstrahlen im Jahre 1896 durch Wilhelm Conrad Röntgen begann ein neuer Abschnitt in der Geschichte der Menschheit. Dies war ihre erste bewußte Begegnung mit ionisierenden Strahlen. Bald danach wurden radioaktive Stoffe in der Natur entdeckt und isoliert. Damit taten sich dem Menschen ganz neue Welten auf. Der Mikrokosmos gehörte nicht länger in den Bereich der Mystik, sondern wurde auch eine Domäne der Wissenschaft. Schon die ersten Versuche im Labor ergaben tiefgehende Erkenntnisse über diese unbekannten Welten. Die Menschheit war jetzt auf dem Weg zur Entdeckung der Baustoffe des Universums – vom Makrokosmos zum Mikrokosmos, vom Sichtbaren zum Unsichtbaren.

Nach und nach wurden die unheimlichen Kräfte des Mikrokosmos offenbar, und vielen bereitete dies große Angst.

Der unvernünftige Umgang mit den neu entdeckten Kräften führt unweigerlich zur Vernichtung im Makrokosmos. Das ist eine längst bekannte Tatsache in der Mystik; deshalb wurden die Lehren über den Mikrokosmos seit Menschengedenken nur wenigen offenbart.

Jetzt beginnen sich die Tore, die dieses alte Wissen verschlossen hielten, zu öffnen. Als Jesus Christus und andere große Seelen die Botschaft der Liebe übermittelten, konnte niemand voraussehen, daß heute diese Botschaft zum Tragen kommen und eine Wiedergutmachung verlangen würde. Eine künftige Aufgabe der Menschheit liegt darin, mit diesen Kräften weise umgehen zu lernen. Es ist uns gelungen, den Makrokosmos mit einer perfektionierten Technik zu beherrschen.

Ohne das gleiche Können im mikrokosmischen Bereich steht uns nur Vernichtung bevor. Dieses Können ist nur mit Liebe möglich.

Was hat die Radioaktivität mit der Botschaft Christi zu tun? Das Unvermögen des menschlichen Geistes, die Botschaft großer Seelen zu verstehen, hat uns außer Krieg und Vernichtung nichts gebracht. Krieg und Vernichtung haben inzwischen ein ungeheuerliches Ausmaß angenommen.

Jesus Christus und die anderen großen Seelen wollten den Menschen das Licht der Liebe bringen. Liebe bedeutet nicht, sich lieb zu verhalten; Liebe ist die Fähigkeit, sich selbst und den anderen Menschen so zu akzeptieren, wie er ist, und ihn so zu lassen. Das bedeutet, seine eigenen Meinungen und Überzeugungen nicht dem anderen aufzuzwingen, sondern die Individualität eines jeden zu erkennen und zu respektieren, ohne dabei in Fatalismus zu verfallen.

Dies verlangt eine große geistige Offenheit, wobei wir in uns alles Festgefahrene überprüfen und in Frage stellen müssen. Dabei werden wir immer näher an unseren innersten Kern gebracht. Dies führt letztendlich zur Entfaltung unserer Seele, von der wir uns immer leiten lassen sollten. Die Seele ist die Verkörperung der Liebe.

Die Seele kennt weder gut noch böse, sondern immer für den individuellen Fall das Entsprechende. Um dieses Entsprechende zu erfahren, muß man Kontakt zu seinem Herzen haben, denn das Herz ist das Zentrum der Seele.

Die Menschheit hat heutzutage einen tiefen Einblick in die Schöpfung gewonnen, wie er früher nur Weisen und Mystikern vorbehalten war. Ohne die notwendige geistige Reife und Offenheit wird dieses Wissen in unseren Händen zum vernichtenden Spielzeug. Der Weg kann nur über das Herz, über die Liebe führen. Wenn auch nicht jeder in der Lage ist, das Phänomen der Radioaktivität intellektuell und wissenschaftlich nachzuvollziehen, so verfügt doch jeder über die Möglichkeiten, das Wesen der Radioaktivität emotional zu erfahren. Dafür haben wir einige Übungen auf der geistig-seelischen Ebene in diesem Heft angegeben. Dabei müssen wir die emotionale Seite in uns wahrnehmen und ernst nehmen, d. h. sie weder verdrängen noch hochspielen.

Das Wesen der Radioaktivität wird uns unter anderem auch klarer, indem wir das Wort „Radioaktivität" etymologisch untersuchen. „Radius", lateinisch, bedeutet soviel wie „vom Zentrum ausgehend, ausstrahlend". Es versinnbildlicht also eine Aktivität, die von unserem Zentrum, dem Herzen ausgeht. Mit anderen Worten: der Kontakt zur Seele wird hergestellt. Wenn wir der Radioaktivität mit gesunden Emotionen begegnen, stellt sich der „Radioempfänger" in uns auf die Wellenlänge der Seelensprache ein.

Vorwort zur 8. Auflage

Der „Homöopathische Ratgeber - Radioaktivität" hat einen neuen Namen erhalten und heißt nun: „Schutz vor Strahlung". Denn in zunehmendem Maß leidet die Bevölkerung nicht nur unter den Folgen der zwei großen globalen Reaktorkatastrophen, sondern auch den Auswirkungen von übermäßig vielen Röntgenaufnahmen, starker Sonneneinstrahlung, Strahlenbelastung durch Langstreckenflüge und der Strahlungstherapie bei der Behandlung von Krebs.

Nach der Katastrophe von Fukushima ist dieser Ratgeber erneut überarbeitet und erweitert worden. Der letzte große Reaktorunfall hat über die radioaktive Verseuchung des Wassers Auswirkungen auf den gesamten Planeten mit allen Menschen und Tieren, besonders auf diejenigen, die Fisch, Meeresfrüchte und Algen essen.

Die stetige Erhöhung der Radioaktivität verläuft in Wellen, mal schleichend, mal aggressiver, und zu diesen Zeiten der erhöhten Radioaktivität wirken die anderen homöopathischen Mittel nicht so zuverlässig, wie man es kennt. Besonders kennzeichnend für eine hohe Strahlungsbelastung ist die Infektanfälligkeit der Atemwege und des Verdauungssystems, unter der jetzt viele Menschen zu leiden haben. Wir erleben, wie akute Erkrankungen ihre Macht erst nach dem Einsatz der Radioaktivitätsmittel verlieren und chronische Behandlungen vorangebracht werden können. Die „low-level"-Radioaktivität ist auf Dauer das wirklich Schädliche, aber noch immer viel zu wenig bekannt.

Deswegen sind die homöopathischen Radioaktivitätsmittel ein ständiger Begleiter der homöopathischen Therapie geworden.

Sie brauchen genausowenig an die Homöopathie zu glauben, um eine heilsame Wirkung zu erleben, wie Sie an die Radioaktivität glauben müssen, um die schädliche Wirkung zu erfahren.

Neu in dieser Auflage ist auch die Beschreibung der Chakrablüten Essenzen (auf Seite 51 und 111ff), die bei der Behandlung der Folgen von Radioaktivität eine wichtige Rolle spielen.

Lassen Sie die wohltuende Wirkung der Homöopathie und der Chakrablüten Essenzen bei sich entfalten und genießen Sie Ihre neue Lebensqualität trotz der erhöhten radioaktiven Strahlung!

In diesem Sinne wünschen wir Ihnen viel Kraft und Zuversicht!

Carola Lage-Roy Ravi Roy

Riegsee-Hagen, April 2016

Einführung in die Homöopathie mit Anleitung zur Anwendung

Dem Heilsuchenden werden die wahren Werte des Lebens und seine Wunder langsam, aber sicher immer bewußter. Wir müssen selbst die Verantwortung für unser Leben übernehmen. Die Auswirkungen der Radioaktivität, auch durch Bestrahlungen, auf Körper, Geist und Seele müssen wir als erstes als Tatsache akzeptieren. Es sollten keine fremden Autoritäten für unser Wohlergehen oder unser Leid verantwortlich gemacht werden, auch wenn wir von ihnen überzeugt worden sind.

Denn alles, was uns geschieht, ist die Folge unserer eigenen Entscheidungen. Der Priester kann unser Seelenheil nicht erwirken, und der Arzt kann unseren Körper nicht heilen. Der Funktion des Heilers, auch unseres inneren Heilers, obliegt die Wiederherstellung der Rückverbindung, der Religio. Wenn dem Priester die Rückverbindung des Menschen zu Gott gelingt, hat er seine Aufgabe gut erfüllt. Wenn es dem Heiler – unabhängig davon, ob dieser als Arzt, Heilpraktiker, spiritueller Heiler oder anders bezeichnet wird – gelingt, den Körper mit der Seele wieder in Verbindung zu bringen, hat er seine Aufgabe gut erfüllt. Anstatt sich an berufsmäßige Heiler zu wenden, können wir auch unseren inneren Heiler aktivieren und uns selbst heilen.

In Bezug auf die Homöopathie bedeutet das, mittels eines Mediums die unterbrochene Verbindung zwischen Körper und Seele zu rekonstruieren und so die körpereigenen Selbstheilungskräfte zu aktivieren. Nach unseren Erfahrungen ist das passende homöopathische Mittel ein hervorragendes Medium, um die unterbrochene Verbindung wiederherzustellen und den Körper in optimaler Weise zur Selbstheilung anzuregen.

Gesundheit ursächlich anstreben

Die Homöopathie ist empfehlenswert, wenn Sie eine ursächliche und dauerhafte Lösung Ihrer gesundheitlichen Probleme anstreben. Es ist wichtig, der Heilung und den Selbstheilungskräften keinen Widerstand entgegenzusetzen. Die homöopathischen Mittel helfen Ihnen, Ihr Leben verantwortungsbewußt zu gestalten, Krankheiten vorzubeugen und gesundheitsorientiert zu denken und zu handeln. Sie üben daher einen sehr positiven Effekt auf Ihre Lebensqualität aus. Es ist so, als wenn das Mittel Sie sanft an die Hand nehmen würde und Ihnen einen Weg aus Ihrer Krankheit zeigen wolle.

Die „wundersame" Kraft der Homöopathie

Die zunehmende Verbreitung der Homöopathie bewirkt eine Veränderung in unserer Gesellschaft, die Mut macht. Die meisten Menschen haben mittlerweile eine vage Vorstellung davon, was Homöopathie ist. Und doch sind die wahren Möglichkeiten dieser außergewöhnlichen Heilmethode den Vorstellungen unserer heutigen Gesellschaft noch weitgehend entrückt. Nicht zu unrecht nannte *Dr. Dorothy Shepherd*, die berühmte englische Homöopathin, das Wirken der Homöopathie: „Das Wunder der unsichtbaren Kraft" (erschienen im Lage & Roy Verlag, vergriffen). Und denjenigen, welche die heilsame Kraft und die manchmal fast unglaubliche Schnelligkeit der Homöopathie am eigenen Leibe erfahren haben, erscheint es tatsächlich, als sei ein Wunder geschehen.

Aber es ist kein Wunder, sondern eine der wunderbaren Möglichkeiten, die Wirklichkeit geworden ist. Und das passiert ganz unsensationell, wenn wir die naturgegebenen Heilprinzipien verstehen, anwenden und zulassen. Die wahre Heilkraft unseres Körpers, welche die Homöopathie gezielt aktiviert, übersteigt im wahrsten Sinne des Wortes unsere

Vorstellungskraft. Auch die Schulmedizin ist sich zwangsläufig dieser Tatsache bewußt, aber im Gegensatz zur Homöopathie versucht sie, unabhängig von den menschlichen Selbstheilungsmechanismen zu agieren, anstatt mit ihnen.

Vor allem bei den als unheilbar geltenden Krankheiten ist die Homöopathie für die Menschen, die alle Hoffnung aufgegeben haben, eine unglaubliche, oft lebensverlängernde Hilfe. So entsteht der Eindruck, sie könne Wunder bewirken, obwohl sie nach streng wissenschaftlichen Kriterien, wie sie Samuel Hahnemann vorgab, eingesetzt wird.

Homöopathie aktiviert das Immunsystem

Tatsache ist, daß das menschliche Immunsystem ein unglaublich komplexes System ist, das wir gerade erst beginnen zu verstehen. Es läßt sich mit dem Gehirn vergleichen, wobei das Immunsystem eine eigene hochentwickelte, ihm innewohnende Intelligenz besitzt. Studien, die zeigen, wie erstaunlich lern- und anpassungsfähig das menschliche Immunsystem ist, lassen uns sein wahres Potential lediglich erahnen.

Das beste, was wir für unsere Heilung tun können, ist, unsere eigenen Selbstheilungskräfte zu unterstützen. Eben diese Anregung der Selbstheilungskräfte ist die Aufgabe der Homöopathie, und zwar mit einer streng wissenschaftlichen Vorgehensweise, *so spezifisch wie möglich, so schnell wie möglich und so tiefgreifend wie möglich*. Die Homöopathie ist in der Lage jede Krankheit zu heilen, indem sie das Immunsystem gesund stimmt, so daß es mit jeder Krankheit fertig werden kann.

Um die Homöopathie in jeder Lage sicher einsetzen zu können, bedarf es profunder Fachkenntnisse und eines gründlichen Studiums. Aber es gibt zahllose Möglichkeiten für jeden Menschen, die Homöopathie auch ohne viel Erfahrung für sich zu nutzen. Genau dafür wurden diese

"Homöopathischen Ratgeber" geschrieben. Sie wenden sich nicht nur an Homöopathen, sondern auch an Laien. Ziel ist es, Ihnen das Wissen zu geben, das Sie brauchen, um Ihre Selbstheilungskräfte, die Ihrer Kinder oder Patienten gegenüber ganz bestimmten Krankheits- oder Lebenssituationen gezielt zu aktivieren, und zwar ganzheitlich, ohne Nebenwirkungen und schnell!

Samuel Hahnemann, der Begründer der Homöopathie

Christian Friedrich Samuel Hahnemann
**10.4.1755 in Meißen, † 2.7.1843 in Paris*

Die Wiege der Homöopathie befindet sich in Deutschland. Sie wurde von dem aus Meißen stammenden Arzt Christian Friedrich Samuel Hahnemann entdeckt und ausgearbeitet. Er studierte Medizin, fand aber in seiner Arztpraxis keine Befriedigung in der Ausübung des erlernten Berufes, woraufhin er die Konsequenz zog, seine Praxis aufgab und sich seinen Lebensunterhalt vorerst als Übersetzer von medizinischen Werken verdiente. Im Jahre 1790 kam er auf die geniale Idee, eine gegen Malaria bewährte Heildroge – die Chinarinde – an sich selbst auszuprobieren. Durch die Einnahme der Chinarinde entwickelte er ähnliche Symptome wie ein Malariakranker. Er wiederholte diesen Test einige Male und erhielt immer wieder dieselben Resultate. Damit war der Zufall ausgeschlossen und ein Heilgesetz entdeckt, der Grundstein für die Wissenschaft der Homöopathie gelegt. Hahnemann nannte es das *Similia- oder Ähnlichkeitsprinzip.*

So funktioniert die Homöopathie

Hahnemann testete auf diese Weise, den sogenannten Arzneimittelprüfungen, über 100 Mittel an sich und seiner vielköpfigen Familie. Dieses Verfahren hat sich bis heute bewährt. Nur von gesunden Menschen geprüfte Wirksubstanzen werden in den homöopathischen Heilschatz aufgenommen.
Die Arzneimittelprüfungen, die seit 200 Jahren und bis heute noch durchgeführt werden, ergeben zusammen jeweils große Verzeichnisse von Krankheitsbildern (*Arzneimittellehre = Materia medica*) und von Symptomenauflistungen (*Repertorium*), auf die wir zurückgreifen können, um das passende Mittel für einen Zustand zu bestimmen.
Denn die Substanz, die bei einem gesunden Menschen einen bestimmten Krankheitszustand auslöst, kann als homöopathisches Arzneimittel denselben oder ähnlichen Zustand bei einem Kranken heilen.

„Ähnliches wird durch Ähnliches geheilt
SIMILIA SIMILIBUS CURANTUR".

Außer dem Ähnlichkeitsprinzip gibt es zahlreiche weitere Heilungsgesetze in der Homöopathie. Die Heilung wird also nicht dem Zufall überlassen, sondern geschieht nach „deutlich einzusehenden Gründen", wie es Hahnemann in seinem „Organon" forderte. Das macht die Homöopathie unglaublich präzise und erklärt die hohe Erfolgsrate der homöopathischen Arzneimittel bei allen Arten von Krankheiten. Sie ist in der Lage, auf die spezifische und individuelle Situation eines jeden Menschen einzugehen, wodurch sie ursächlich und nachhaltig wirken kann.

Ist die Chirurgie ein Teil der Schulmedizin oder der Homöopathie?

Operative Eingriffe werden nicht zu den Therapierichtungen gezählt, sondern zu den therapeutischen Maßnahmen. Sie können sowohl homöopathisch als auch allopathisch begleitet werden. Heutzutage geschieht dies jedoch fast ausschließlich rein schulmedizinsch. Das war nicht immer so. In den USA und Südamerika gab es noch bis Anfang des 20. Jahrhunderts homöopathische Krankenhäuser mit chirurgischen Abteilungen. Der chirurgische Eingriff, bzw. die Maßnahme, wird homöopathisch begleitet. Das Diplom von Ravi Roy (DHMS), 1973 in Neu-Delhi vom Nehru Homoeopathic Medical College vergeben, bedeutet: Diplom in homöopathischer Medizin und Chirurgie. Auch das allopathische Medizinstudium besteht aus dem Erlernen der schulmedizinischen Therapie sowie chirurgischer, diätetischer und anderer Maßnahmen. Chirurgen, Chiropraktiker oder Osteopathen zum Beispiel spezialisieren sich auf die manuelle Behandlung und nicht auf die Verordnung von Medikamenten.

Je symptomorientierter die Therapie ist, um so mehr Maßnahmen (Operationen etc.) verlangt sie. Umgekehrt, je mehr sie sich an den Ursachen orientiert, desto weniger Maßnahmen braucht sie.

Die Homöopathie ist ursachenorientiert und kommt daher im Idealfall mit erstaunlich wenig Maßnahmen aus. Trotzdem gibt es Fälle, wie z. B. einen komplizierten Knochenbruch, die chirurgische Maßnahmen erfordern. Wobei auch hier die Homöopathie und die Chakrablüten Essenzen die Heilungszeit eines Kochenbruchs erheblich verkürzen können. Durch die Anerkennung und verstärkte Anwendung der Homöopathie könnte in Zukunft die Zahl der Hüft- und Knieoperationen wieder deutlich zurückgehen, insbesondere der Einsatz künstlicher Gelenke.

Die Potenzen

Es gibt drei verschiedene Potenzierungsverfahren:
die Centesimal (C)-, die Dezimal (D)- und die LM-Potenzen.

- Die *Centesimal-Potenzen* wurden von Hahnemann standardisiert und bestehen aus einer Verdünnung von 1:100 und einer Potenzierung von zehn Schüttelschlägen pro Stufe. Sie umfassen die größte Skala an Potenzen von C 1 bis über eine Million. Trotz der Überlegenheit der LM-Potenzen, besonders bei der Behandlung von chronischen Krankheiten, bleiben die Centesimal-Potenzen ein wichtiger Teil der homöopathischen Behandlung, etwa für die kurzfristige Akutbehandlung mit der C 200, und wenn höhere Potenzen gebraucht werden. Die Potenz C 200 ist eine mittlere Potenz, ab der C 1000 sprechen wir von Hochpotenzen.

- Die *Dezimal-Potenzen* wurden später entwickelt und sind keine Erfindung Hahnemanns. Sie bestehen aus einer Verdünnung von 1:10 und einer Potenzierung von zehn Schüttelschlägen pro Stufe. Die Dezimal-Potenzen haben ihre Wichtigkeit, wenn wir Mittel in ganz niedrigen Potenzen verabreichen wollen (D 12 und darunter). Obwohl sie teilweise bis zu der tausendsten Potenz hergestellt werden, gibt es keinen Grund, sie einzusetzen, da die C- und LM-Potenzen auf dieser Ebene erheblich sanfter und effektiver sind, während die D-Potenzen oftmals sehr heftig wirken. Die Dezimal-Potenzen finden in ganz speziellen Fällen ihre Anwendung in niedrigen Potenzen, wenn rein auf der körperlichen Ebene therapiert wird. Dies ist im Einzelfall speziell in unseren Ratgebern vermerkt.

- Die *LM-Potenzen* wurden auch von Hahnemann standardisiert und bestehen pro Stufe aus einer Verdünnung von 1:100 und einer Potenzierung von 100 Schüttelschlägen und dann noch einmal einer Verdünnung von 1:500. Pro Stufe gibt es also zwei Arbeitsschritte bei den LM-Potenzen und die Gesamtverdünnung ist jedesmal 1:50.000. Der zweite Schritt kann nur per Hand durchgeführt werden. Die niedrigste Potenz ist die LM 1, bei wichtigen Mitteln wird bis zur LM 360 potenziert, teilweise auch höher. Sie können in der Regel eine C-Potenz mit der entsprechenden LM-Potenz ersetzen. Einer C 200 entsprechen die LM-Potenzen LM 18 bis LM 30, die C 1000 entspricht der LM 60. Der Vorteil der LM-Potenzen ist, daß sie noch sanfter als die C-Potenzen wirken.

Die C 200 ist eine bewährte Potenz für die meisten Zustände in diesem Ratgeber. Man hört heutzutage, daß die C 200 zu hoch und damit gefährlich sei. Genau das Gegenteil ist jedoch der Fall! Eine zu niedrige Potenz (in manchen Fällen sogar noch die C 30) ist viel eher geneigt, eine sogenannte Erstverschlimmerung auszulösen. Für akute Fälle ist die C 200 wegen ihrer hohen Verdünnung ideal: Sie wirkt schnell, und die Besserung setzt beim Einsatz des richtigen Mittels oft bereits innerhalb von Minuten ein. Außerdem wirkt sie auf die geistig-seelische Ebene, die bei akuten Krankheiten immer mit involviert ist. Um überhaupt einen Einfluß auf diese tiefe Ebene zu haben, bedarf es einer höheren Potenz. Die C 200 entspricht dem Bewußtseinsstand der meisten heutigen modernen Menschen.

Die Dosierung

Da sich die „Homöopathischen Ratgeber" auch an Laien richten, wurden die Dosierungsangaben vereinfacht und sind leicht durchführbar. Eine Grundanleitung steht auf der Umschlaginnenseite.

Eine ausführliche Besprechung der Regeln der Dosierung finden Sie in Ravi Roys Buch „Prinzipien und Praxis der Homöopathie – die Reaktionen und die LM-Potenzen".

Die Regeln zur Wiederholung des Mittels

Hahnemann stellte ab etwa 1833 die Regeln für die Wiederholung des Mittels wie folgt auf:

1. ***Je intensiver der Zustand ist, um so häufiger muß das Mittel wiederholt werden.***

- Als Durchschnittswert für eine akute Krankheit gilt: anfangs alle zwei Stunden wiederholen. Dieser Zeitabstand ist jedoch sehr variabel und kann durchaus bei Bedarf verlängert oder verkürzt werden.

2. ***Wiederholen Sie das Mittel immer dann, wenn die Besserung anfängt nachzulassen.***

- Das kann nach einer Stunde oder zwei Tagen sein.
- Bei einem chronischen Zustand nehmen Sie das Mittel in der Regel nur einmal täglich.
- Wenn Sie unsicher sind, ob das Mittel richtig gewählt ist und wirkt, wiederholen Sie es noch einmal nach zwei bis vier Stunden. Wenn es dann noch keine Wirkung zeigt, setzen Sie es ab.
- Mit der deutlichen Besserung des Zustandes werden die Abstände der Mittelgaben entsprechend vergrößert.

3. ***Wenn nach der Heilung eines Zustandes das Mittel allgemein oder spezifisch weiterhin gut tut, nehmen Sie es weiter.***

- Anderfalls wird das Mittel nach der Heilung abgesetzt.

Wann stellen Sie die Einnahme eines Mittels ein?

Es gibt verschiedene Gründe, das Mittel abzusetzen:

- Bei Ausheilung der Krankheit, außer wenn Sie das Mittel gerne weiter nehmen wollen.
- Wenn Sie auffällig oft vergessen, das Mittel zu nehmen, und es Ihnen trotzdem weiterhin gutgeht.
- Bei einer Verschlimmerung, d. h. die Symptome des Zustandes, für den Sie das Mittel nehmen, verstärken sich.
- Wenn Sie das Mittel nicht mehr nehmen wollen.
- Während eines Notfalls, der mit homöopathischen Mitteln behandelt wird. Sobald sich der Zustand stabilisiert hat, kann die miasmatische Behandlung weitergeführt werden. Bei manchen Menschen kann das Bedürfnis, die vorherigen Probleme anzugehen, in den Hintergrund treten.

Wann sollte kein homöopathisches Mittel eingenommen werden?

Zu diesem Thema gibt es sehr viele Regeln, die in meinem Buch „*Die Reaktionen und die LM-Potenzen*“ beschrieben sind. Zwei wichtige Regeln sollten Sie unbedingt beachten:

- Wenn eine *Abneigung* gegen ein bestimmtes Mittel besteht, sollten Sie es nicht nehmen, auch wenn Ihnen Ihr Verstand sagt, Sie würden das Mittel brauchen. Auf diese Weise teilt Ihnen Ihr Unterbewußtsein mit, daß Sie das Mittel nicht benötigen.
- Bei einer *Ausscheidungsreaktion* auf ein Mittel, die sich in Form von Schnupfen, Durchfall oder Erbrechen äußern kann, sollten Sie der Natur ihren Lauf lassen. Hier einzugreifen bleibt dem Feingefühl und der Expertise eines Homöopathen vorbehalten.

Was sollten Sie bei der Mitteleinnahme beachten?

- Geben Sie niemals einem Schlafenden ein Mittel und wecken Sie keinen Kranken auf, um ihm pflichtgemäß sein Mittel zu geben.
- Kranke oder Geschwächte sollten in der Erholungsphase nicht gestört werden.
- Das Mittel sollte bei der chronischen Behandlung morgens nüchtern eingenommen werden, wobei darauf zu achten ist, daß die Zähne mit einer milden Zahnpasta gereinigt werden, die keine starken ätherischen Öle enthält, weil diese die Wirkung der homöopathischen Mittel aufheben können.
- Es ist besser, das Mittel etwa eine halbe Stunde vor dem Essen einzunehmen, als danach. Menschen, die Kaffee schlecht vertragen, sollten mit dem Genuß während der Einnahme homöopathischer Mittel sehr zurückhaltend sein, denn Kaffee kann die Mittelwirkung beeinträchtigen oder sogar aufheben (antidotieren).

Schadet das falsche Mittel?

Grundsätzlich schadet es nicht und keinesfalls so, wie Sie es auf den Beipackzetteln allopathischer Medikamente lesen. Durch das falsch gewählte Mittel passiert in der Regel einfach – nichts!

Anders ist es jedoch, wenn Sie das falsche Mittel immer weiter nehmen, obwohl es Ihnen nicht bessergeht. Irgendwann wird es Ihnen mit dem Mittel schlechtergehen und immer weiter schlechter, weil Sie dann eine Arzneimittelprüfung durchmachen (siehe Seite 17).

Deswegen ist es so wichtig, das Mittel beim geringsten Unwohlsein sofort abzusetzen!

Da die meisten Anfänger in der Homöopathie sich nicht vorstellen können, wie schnell die Homöopathie wirkt, setzen viele das Mittel bei unerwünschten Reaktionen zu spät ab.

Wie können Sie eine Verschlechterung antidotieren?

Wenn das falsche Mittel zu lange in eine Verschlechterung hineingenommen wird, sollten Sie es sofort absetzen und sich dann an Ihren Homöopathen wenden, der Ihnen in dieser Situation gut helfen kann. Das Mittel muß antidotiert (aufgehoben) werden. Auch dafür gibt es verschiedene Mittel, die je nach Art der Reaktion sorgfältig ausgewählt werden müssen. Wenn es zu einer nervlichen Überreizung gekommen ist, kann eine Tasse Kaffee oder schon der Geruch von Kaffee das homöopathische Mittel antidotieren und damit die Überreaktion ausgleichen.

Sind Genußmittel erlaubt?

Eine homöopathische Behandlung verlangt einen bewußten Umgang mit sich selbst, denn die Mittel bringen Sie in Kontakt mit sich selbst und machen Sie auf notwendige Änderungen in Ihrer Lebensweise und Ernährung aufmerksam. Während der Einnahme des homöopathischen Mittels kann es vorkommen, daß Ihnen ein liebgewordenes Lebensmittel nicht mehr guttut. Umgekehrt kann es sein, daß Sie ungewohnte Gelüste entwickeln oder sogar Verlangen nach Nahrungsmitteln bekommen, die Sie sonst gar nicht mögen. Wenn dies ein echtes Verlangen ist und nicht eine Vorstellung, die dem Kopf entspringt, dann sollten Sie dem nachgeben. Der Körper will Ihnen damit sagen, was er braucht. Oft sind solche Gelüste auch nur vorübergehend und verschwinden nach einiger Zeit wieder. Wenn Sie also mal Lust auf Kaffee haben, können Sie ruhig eine Tasse Kaffee trinken.

Grenzen der Selbstbehandlung

Eine miasmatische Behandlung von chronischen, wiederkehrenden Beschwerden sollten Sie von Ihrem Homöopathen durchführen lassen, da dies spezielle Kenntnisse der Miasmenlehre erfordert. Akute Beschwerden können Sie dagegen mit etwas Grundwissen gut selbst behandeln. Wenn Sie in homöopathischer Behandlung sind, sprechen Sie diese Möglichkeit am besten mit Ihrem Homöopathen ab, wenn Sie sich selber behandeln wollen.

Eine Konstitutionstherapie kann und muß bei einem Notfall unterbrochen werden, damit der Mensch entsprechend seiner Bedürfnisse versorgt werden kann.

Ein Knochenbruch verlangt eine sofortige entsprechende Versorgung ebenso wie eine Operationsbegleitung etc.

Sie sollten auch wissen, daß erwünschte Heilreaktionen, z. B. ein Ausschlag oder eine Absonderung, nicht eigenmächtig wegtherapiert werden dürfen. Die Eigenbehandlung setzt also, wenn es kompliziert wird, schon ein gutes Quantum an homöopathischem Fachwissen voraus.

Gibt es Wechselwirkungen zu Medikamenten?

Die homöopathischen Mittel wirken ursächlich heilend, während die allopathischen die Symptome bekämpfen. Sie wirken also entgegengesetzt, antagonistisch. Jeder Organismus saugt die wohltuende, sanfte Kraft der homöopathischen Mittel wie ein Schwamm förmlich auf. Es gibt daher wenig negative Wechselwirkungen, aber die echte Heilung geht bei gleichzeitiger Einnahme von allopathischen Medikamenten nur abgeschwächt, zögerlich und begrenzt voran.

1. Allgemeine Informationen über Radioaktivität

1.1 Einige Begriffserklärungen

***Radioaktivität**:* Jedes chemische Element hat eine bestimmte Anzahl von Protonen im Atomkern. Chemisch gleiche Abarten mancher Elemente mit höherer oder niedrigerer Protonenzahl im Kern sind unstabil und zerfallen spontan. Dabei setzen sie Energie frei, hauptsächlich in Form von Strahlung (=Radioaktivität). Beispiel: Jod 131 hat 131 Protonen im Atomkern, statt 127, wie nicht radioaktives Jod.

***Dosis**:* Bezeichnung für eine körperabsorbierte Strahlen- oder Energiemenge. Man unterscheidet dabei die folgenden drei Dosen:

- *Ionendosis:* Bei diesem Strahlungsnachweis wird die elektrische Ladung der in einer bestimmten Luftmenge erzeugten Ionen gemessen. Eine Energie von ca. 34 eV wird benötigt, um ein Elektron aus der Atomhülle zu stoßen (Erzeugung eines Ionenpaares in der Luft).
- *Energiedosis:* Die von einem radioaktiven Stoff ausgehende ionisierende Strahlung überträgt auf durchstrahlte Materie (Absorber) Energie. Die Einheit der Energiedosis wird in Gray gemessen.
- *Gray*: neue internationale Einheit der Energiedosis, 1 Gray = 100 rad oder die Energiemenge von 1 Joule pro kg des bestrahlten Materials.

***Rad**:* R(adiation) A(bsorbed) D(ose), ältere Einheit der Energiedosis. Seit 1.1.86 sind international neue Begriffe eingeführt worden, die jedoch von den USA nicht akzeptiert wurden.

***Äquivalentdosis**:* Um die Gefährdung oder Schädigung menschlicher Körperzellen durch ionisierende Strahlung bewerten zu können, ist eine quantitative Erfassung der biologischen Wirksamkeit erforderlich.

Da die verschiedenen Strahlungsarten eine unterschiedliche Wirksamkeit haben, hat man als Einheit die Äquivalentdosis *Rem* bzw. *Sievert (Sv)* herausgearbeitet. Die Energiedosen der einzelnen Strahlungsarten werden auf eine Bezugsdosis (Röntgenstrahlen) umgerechnet. Die Äquivalentdosis ist also das Produkt aus der Energiedosis und einem Bewertungsfaktor, der die unterschiedliche Gefährlichkeit der Strahlenarten berücksichtigt.

Für die in diesem Zusammenhang wichtige Gammastrahlung ist bei einer Ganzkörperbestrahlung der Bewertungsfaktor 1 anzuwenden:

1 Rad Beta- oder Gammastrahlung = 1 Rem = 0,01 Sv.
Dagegen ist 1 Rad Alpha- oder Neutronenstrahlung genau
10 Rem = 0,1 Sv.

1 Sievert *(Sv)* = strahlenmäßig gleich 1 Gray bei dem Bewertungsfaktor 1 = 100 Rem

Rem*:* *R*(öntgen) *E*(quivalent) *M*(an), ältere Einheit der Äquivalentdosis; seit 1.1.86 wird mit Sievert gerechnet, außer in den USA.

Dosisleistung*:* die Strahlendosis pro Zeiteinheit. Sie wird in Sievert pro Stunde gemessen.

Curie*:* ältere Einheit der Radioaktivität (galt nur bis 31.12.85), 1 Curie: 37 Milliarden Atomkerne des radioaktiven Stoffes zerfallen in einer Sekunde.

Becquerel *(Bq.):* neue Einheit der Aktivität radioaktiver Stoffe, 1 Becquerel entspricht einem radioaktiven Atomkernzerfall pro Sekunde, d. h. 500 Bq = 500 Zerfälle/sec.

Physikalische Halbwertzeit*:* Zeit, die benötigt wird, um die Radioaktivität eines Stoffes um die Hälfte zu reduzieren. In demselben Zeitraum wird die Radioaktivität wieder um die Hälfte verringert: z. B. die Halbwertzeit von Jod 131 beträgt 8 Tage; in 16 Tagen bleibt 1/4, in 24 Tagen 1/8, in 80 Tagen ca. 1/1000 übrig.

Biologische Halbwertzeit*:* die Zeit, in der der Organismus die Hälfte der aufgenommenen radioaktiven Stoffe auf natürlichem Wege über die Nieren, Lungen usw. ausscheidet, bei stillenden Müttern auch über die Milch. In dieser Zeit sind die größten Strahlungsschäden zu erwarten, die langzeitlich wirken.

Effektive Halbwertzeit: wird von der physikalischen und biologischen Halbwertzeit gebildet.

Die Halbwertzeiten einiger radioaktiver Elemente			
Element	**physikalische**	**biologische** (im kritischen Organ)	**effektive** (für Erwachsene)
Iod 131	8 Tage	138 Tage	7,5 Tage
Iod 129	16 Mill. Jahre		
Kobalt 60	5,3 Jahre		
Calcium 45	164 Tage	50 Jahre	18 Jahre
Strontium 89	52 Tage	140 Tage	134 Tage
Tritium/Hydrogen 3	12 Jahre	200 Jahre	99,6 Jahre
Strontium 90	28 Jahre		
Caesium 137	30,2 Jahre		
Carbon 14	5.600 Jahre		
Plutonium 239	24.400 Jahre		

Die effektive Halbwertzeit eines radioaktiven Elements im Körper läßt sich mit folgender Formel berechnen:

$$\text{HLT eff} = \frac{\text{HLT phy x HLT bio}}{\text{HLT phy + HLT bio}}$$

1.2 Die Auswirkungen der Radioaktivität

0,1 Rem (0,001 mSv)	natürliche Belastung eines Menschen im Jahr
0-80 Rem (0 – 0,8 Sv)	keine sichtbare Wirkung im Moment, Schäden der Erbmasse sind zu erwarten
120 Rem (1,2 Sv)	10 % der Menschen bekommen milde Strahlungssymptome
250 Rem (2,5 Sv)	50 % leiden unter der Strahlenkrankheit
400 Rem (4 Sv)	einer von 4 stirbt innerhalb von 6 Wochen
600 Rem (6 Sv)	50 % sterben innerhalb eines Monats
800 Rem (8 Sv)	75 % sterben innerhalb einer Woche
1000 Rem (10 Sv)	niemand überlebt langfristig
1200 Rem (12 Sv)	alle Bestrahlten sterben innerhalb einer Woche
5000 Rem (50 Sv)	fast augenblicklicher Kollaps, Tod tritt schnell ein

1.3 Die verschiedenen Strahlungsarten

Es gibt vier radioaktive Strahlungen, die für uns von Bedeutung sind: Alpha-, Beta-, Gamma- und Neutronenstrahlen. Die Auswirkungen sind immer dieselben. Die verschiedenen Strahlen haben aber eine unterschiedliche Intensität und Lebensdauer und zerfallen schnell oder langsam.

Alpha-Strahlung: positiv energetisierte Teilchen. Eingeatmet, beziehungsweise geschluckt, haben sie eine l0fache biologische Wirkung im Vergleich zu Beta- oder Gammastrahlen. Sie bestehen aus 2 Protonen und 2 Neutronen. Über die Haut können sie nicht in den Körper eindringen; sogar ein Blatt Papier reicht aus, um sie zu stoppen.

Beta-Strahlung: Beta-Teilchen sind Elektronen oder Positronen. Sie fliegen bis zu 4 m durch die Luft, aber sie können von dichteren Stoffen, wie z. B. einem dickeren Pullover abgehalten werden. Die Haut kann durch sie verbrannt werden.

Alpha- und Betastrahlungen haben kaum Möglichkeiten, die Keimzellen zu erreichen.

Gamma-Strahlung: Ist eine elektromagnetische Strahlung, noch „härter" als Röntgen-Strahlung. Sie hat eine sehr hohe Energie, eine große Reichweite und Penetration (Durchdringungsfähigkeit). Diese Strahlung durchdringt den menschlichen Körper vollständig, wird aber von Betonmauern, die mehr als 1 m dick sind, abgehalten.

Neutronen: Sind hoch energetisierte Teilchen. Sie ionisieren die Luft sehr stark und sind 10mal wirksamer als Gammastrahlen. Aber sie sind kurzlebig, d. h. in der Wirkungskurve rasch abfallend.

1.4 Die festgelegten Grenzwerte

Grenzwerte für die Bevölkerung pro Jahr
(nach der Strahlenschutzverordnung von 1977):

Ganzkörperbestrahlung .... 150 Millirem = 0,15 rem
Schilddrüse und andere Organe ...... 90 Millirem = 0,09 rem
Knochen und Haut .... 180 Millirem = 0,18 rem

Offiziell gibt es keine festgelegten Grenzwerte für Embryos, aber man weiß, daß sie die gleiche Strahlendosis bis zu 30mal stärker trifft, also darf für den Embryo jeweils $\frac{1}{30}$ des Grenzwertes angenommen werden. Siehe auch unter dem Kapitel Strahlungsschäden bei Embryonen, S.42.

Die folgende Tabelle ist rein theoretisch zu betrachten und sehr umstritten. Sie wird hier wertungsfrei wiedergegeben.

	Kategorie A	Kategorie B	Kategorie C
	Menschen, die mehr als 3/10 der Grenzwerte erhalten können	Personen, die höchstens 3/10 der Grenzwerte erhalten können, vor allem Frauen im gebärfähigen Alter	Für Jugendliche unter 18 Jahren jeweils 1/10 des Grenzwertes
Ganzkörper, Knochenmark, Geschlechtsdrüsen, Gebärmutter	5 Rem	1,5 Rem	0,5 Rem (0,17)
Hände, Unterarme, Füße, Knöchel einschließlich der dazugehörigen Haut	60 Rem	18 Rem	6 Rem (2)
Haut außer an den vorher genannten Bereichen	30 Rem	9 Rem	3 Rem (1)
Knochen, Schilddrüse	30 Rem	9 Rem	3 Rem (1)
Andere Organe	15 Rem	4,5 Rem	1,5 Rem (0,5)

In Klammern angegebene Werte sind maßgebend bei einem Atomunfall wie in Tschernobyl oder Fukushima.

1.5 Bevorstehende Erhöhung der Grenzwerte

Es sind immer wieder Bestrebungen im Gange, die bisher gültige *Strahlenschutzverordnung* zu novellieren. Danach sollen die Freigrenzen der in der Kernkraftindustrie vorkommenden Radionuklide um durchschnittlich 35 % erhöht werden, d. h. man darf bis zu diesem Wert genehmigungsfrei mit Nukliden umgehen. Nach Fukushima wurden die

Grenzwerte erneut an die angestiegene nukleare Belastung angepaßt. Bei Strontium 90, Techneticum 99 und Radon ist der Grenzwert um 1251 % erhöht worden, bei Jod 129 und Uran 235 sogar um 13.414 %.

Die Grenzwerte im Wasser und in der Nahrung sind für die Bevölkerung bei Jod 131 um 210 % und bei Radium 226 um 1.720 % angehoben worden.

Außerdem soll eine effektive Äquivalenzdosis eingeführt werden; dabei sollen die einzelnen Organe nach ihrer Belastbarkeit gewichtet werden.

Die einzelnen Organbelastungen werden nicht mehr für den Grenzwert herangezogen, sondern wieviele Krebstodesfälle bei Bestrahlung eines Organes auftreten. Die effektive Äquivalenzdosis für die Schilddrüse liegt dann bei 1000 Mrem durch Jod 131, das entspricht dem Grenzwert von 30 Mrem im Ganzkörper. Im Vergleich: Heute gilt der Grenzwert von 90 Mrem für die Schilddrüse. Diese Wertung wird von vielen Wissenschaftlern als nicht tolerabel abgelehnt.

1.6 Die Giftwolke von Tschernobyl

Wissenschaftler der Universität Mainz haben durch Luftmessungen die Zusammensetzung der radioaktiven Wolke, die nach dem Reaktorunfall in Tschernobyl über die BRD hinwegzog, festgestellt. Sie ist in der folgenden Tabelle dargestellt:

Mengen-Anteil	Isotope	Halbwertzeit
32 %	Tellurium 132	3 Tage
31 %	Iod 131	8 Tage
9 %	Ruthenium 103	39 Jahre
7 %	Ruthenium 106	1 Jahr
6 %	Caesium 137	30 Jahre
5 %	Caesium 134	2 Jahre

Erste Wahrnehmungen der Radioaktivität nach Tschernobyl
Das Reaktorunglück von Tschernobyl kam für alle überraschend. Es war eine völlig neue Situation, die niemand richtig einschätzen konnte. Die Wolke der radioaktiven Strahlen schwebte über Europa, und es war nicht voraussehbar, wo sie sich in Form von radioaktivem Regen entladen würde. Radioaktivität kann man angeblich weder sehen noch riechen, wodurch man sich indirekt noch stärker bedroht fühlt. Nur über Meßgeräte lassen sich die Orte erkennen, an denen die Radioaktivität erhöht ist. Und doch haben nach Tschernobyl manche Menschen die Radioaktivität mit ihren Sinnen wahrnehmen können:

Ein Ehepaar in Taufkirchen/Vils wachte in der Nacht, als die radioaktive Wolke von Moskau weg und nach Deutschland weitergeleitet wurde, durch einen eigenartigen Geruch nach Verbranntem auf.

Ein anderer Mann aus demselben Dorf kann sich so lebhaft an den 27.4.1986 erinnern, als wäre es gestern gewesen. „Alle Farben in der Natur erschienen mir so strahlend und leuchtend, wie ich es bisher noch nie erlebt hatte.“

1.6.1 Das Umleiten der radioaktiven Wolke

Bald nach der Katastrophe in Fukushima bot Rußland der japanischen Regierung seine Hilfe an. Eines dieser Angebote bestand darin, die Atomwolke in den Pazifischen Ozean zu leiten. Diese Art des Weiterleitens hatten die Russen schon 1986 bei der Tschernobyl-Katastrophe durchgeführt. Die Wolken wurden damals durch Wettermanipulation nach Westen umgeleitet und unter anderem über Südbayern zum Abregnen gebracht. Durch dieses raffinierte Manöver wurden sie von Moskau ferngehalten. Offiziell haben die Russen dies aber erst nach der japanischen Reaktorkatastrophe bekanntgegeben. Die Manipulation des Wetters ist heutzutage nicht mehr solch ein Geheimnis wie damals. Es gibt vieles über Tschernobyl, das lange geheimgehalten wurde. Das wirkliche Ausmaß der Katastrophe gelangt nicht an die Öffentlichkeit und alles wird so manipuliert, daß die Menschen die Wahrheit nicht erfahren.

1.7 Die Auswirkungen radioaktiver Elemente auf Mensch und Tier

1.7.1 Jod 131

Enthält Beta- und Gammastrahlung. Es akkumuliert in der Schilddrüse; besonders bei Kindern kann diese zerstört werden, es kann aber auch erst nach Jahrzehnten zu Krebs führen.

Jod 131 begrenzt das physische und psychische Wachstum. Es kommt zu einer psychischen Fehlsteuerung, was sich im Wechsel von Aggressionen und Depressionen ausdrücken kann. Durch den höheren Milchanteil in der Kindernahrung sind Kinder noch zusätzlich durch Jod, Plutonium und Strontium gefährdet.

Bis zum 3. Schwangerschaftsmonat besteht eine fötale Blockade, danach ist die Schilddrüse des Embryos ca. 30mal mehr belastet als die der Mutter.

1.7.2 Jod 129

Dieses Jod-Isotop ist ein Produkt der Kernspaltung und spielt beim Prozeß der Wiederaufbereitung eine entscheidende Rolle. Wegen seiner langen Halbwertzeit kommt es zu einer Anreicherung in der Umwelt und zu einer starken Schilddrüsenbelastung.

1.7.3 Tellurium 132

Beim Zerfall von Te 132 entsteht Jod 132, das bei einer Halbwertzeit von 2,3 Stunden zerfällt. Es war das Radionuklid mit der kürzesten Halbwertzeit und der höchsten Aktivitätskonzentration in der radioaktiven Wolke von Tschernobyl.

1.7.4 Plutonium 103, 106 und 129

Pu-129 nimmt unter den verschiedenen Plutonium-Isotopen den größten Anteil ein. Es zerfällt mit einer Halbwertzeit von 24.100 Jahren unter Freisetzung von Alphastrahlen und entsteht bei der Kernspaltung. Durch über 420 oberirdische Atombombentests kam es zu einer weltweiten Verbreitung dieses hochgiftigen Stoffes. In der Tschernobyl-Wolke war dagegen Plutonium nur in geringen Mengen vorhanden. Es wird in Form von feinsten Schmutzteilchen eingeatmet und lagert sich in der Lunge und ihren Lymphknoten ab. Über den Blutkreislauf gelangt es in die Knochen (biol. Halbwertzeit 100 Jahre) und die Leber (biol. Halbwertzeit 40 Jahre).

1.7.5 Strontium 90

Enthält Beta- und Gammastrahlung und verhält sich chemisch ähnlich wie Calcium. Der Säugetierorganismus kann zwischen Strontium und Calcium nicht unterscheiden. Mit dem natürlichen Calcium nimmt er ebenso Strontium auf und baut es im Knochen ein. Dort zerstört es das rote Knochenmark, die Produktionsstelle der Blutkörperchen. Außerdem wird es in den Lungen und Eingeweiden eingelagert. Durch die Bestrahlung der weißen Blutkörperchen kommt es zur unkontrollierten Teilung derselben. Calcium ist ein wichtiger Bestandteil der Milch. Wenn eine stillende Frau mit Strontium kontaminierte Milch oder verstrahltes Gemüse zu sich nimmt, wird ihre eigene Milch mit Strontium-Molekülen statt mit Calcium-Molekülen angereichert.
Gefahren: schwere Anämien, Leukämie, Osteoporose, Knochenkrebs, besonders bei Kindern. Säuglinge und Kinder sind vor allem deshalb gefährdet, weil sich der Organismus im Wachstum befindet. Man kann grundsätzlich sagen: Je schneller das Zellwachstum, desto anfälliger ist die Zelle für Radioaktivität und alle magnetischen Strahlungen mit steilen Frequenzmustern. Die Auswirkung kann beim Embryo im Vergleich zum Erwachsenen 32mal stärker sein.

Infolge der zahllosen Atombombentests ist das Strontium bei uns allen schon in den Knochen eingelagert. Stark betroffen sind die Jahrgänge 1957/58, da in dieser Zeit viele oberirdische Atombombentests durchgeführt wurden, wie erst später bekanntgegeben wurde.

1.7.6 Caesium 137

Es enthält Beta- und Gammastrahlung. Ist der Pottasche ähnlich (Kalium carbonicum) und wird von den Pflanzen gerne aufgenommen. Man muß damit rechnen, daß langfristig gesehen einiges davon auf uns zukommen wird. Caesium lagert sich in Muskeln, Leber und Milz ab. Es führt zu Muskelschwund, zur Schrumpfung des Collagens mit Ödembildung als Folge und zu vorzeitiger Alterung oder zum Myelinabbau der Nervenfasern mit Reaktionsabfall. Wegen seiner langen Halbwertzeit wird es erst nach 300 Jahren abgebaut.

1.7.7 Ruthenium 103 und 106

Sammelt sich in der Lunge an. Es ähnelt dem Eisen und wird leicht statt dessen vom Körper aufgenommen. Daher kommt es vorrangig zu einer Eisenmangelanämie mit einer starken Wirkung auf die Augen.

1.8 Wovon hängt das Ausmaß der Strahlenbelastung ab ?

Das Ausmaß der Strahlenbelastung für Mensch und Tier hängt von folgenden physikalischen und biologischen Faktoren ab:

- *Von der empfangenen Dosis* (Energiedosis gemessen in Gray)
- *Von der Art der Strahlung* (besonders stark sind Neutronen und Alphateilchen)
- *Von der zeitlichen Dosisverteilung:* Ob ein Lebewesen der Radioaktivität kurz oder kumulativ ausgesetzt ist, ist für den Strahlungsschaden entscheidend; letztendlich ist die Gesamtmenge an

aufgenommener Radioaktivität ausschlaggebend. Wenn sich die Strahlenbelastung allerdings auf längere Zeit verteilt, besteht für viele Zellen eher die Möglichkeit der Erholung oder gar der Ersetzung durch neue Zellen.

- *Von der räumlichen Dosisverteilung*: Je größer das Volumen des durchstrahlten Organes oder Gewebes ist, desto höher wird bei gleicher Dosis der Anteil der geschädigten Zellen sein.
- *Vom Zeitpunkt der Bestrahlung:* Die stärkste Strahlungsschädigung von Zellen tritt während der Zellteilung auf. Deshalb gilt: je schneller eine Zelle sich reproduziert, desto weniger resistent ist sie, wie z. B. die blutbildenden Organe (rotes Knochenmark), das Lymphgewebe, die Schleimhaut von Magen und Dünndarm, die Haut, die Keimdrüsen, die embryonalen Zellen und die Wachstumszonen bei Kindern und Jugendlichen. Wenn der ganze Körper bestrahlt wurde, sind die Folgen schlimmer, als wenn nur einzelne Körperteile betroffen waren, besonders solche, die für das Funktionieren des Gesamtorganismus nicht von so großer Bedeutung sind.
- *Vom Lebensalter und dem allgemeinen Gesundheitszustand:* Besonders strahlungsgefährdet sind Säuglinge, Kinder, Jugendliche, Frauen, Schwangere und Menschen mit einer schwachen Konstitution.
-

1.9 Symptome bei schwacher Strahlenbelastung

Wenn von den Schädigungen durch Radioaktivität gesprochen wird oder wenn die Grenzwerte für Strahlenbelastung angegeben werden, geht man immer von den extremsten Situationen wie Krebs und Tod aus. Aber was passiert vorher?

Es wird zuwenig herausgestellt, daß jede radioaktive Strahlung Einfluß auf den Organismus hat und unser Wohlbefinden beeinträchtigen kann, was sich in den unterschiedlichsten Symptomen ausdrückt:

- Bindehautentzündung, Augenbrennen, Kopfschmerzen, bitterer oder metallischer Geschmack im Mund
- Halsschmerzen, Schluckbeschwerden, Würgegefühl, Lymphdrüsenschwellung
- Appetitlosigkeit oder unstillbarer Heißhunger
- Unruhiger Schlaf, schwere Träume, unerquicklicher Schlaf
- Allergien, Hautausschläge, Neurodermitis

Anstieg der Säuglingssterblichkeit

Zwei Bremer Physiker, H. Ziggel und M. Schmidt, stellten aus Daten der statistischen Landesämter einer Krankenversicherung einen auffälligen Anstieg der Säuglingssterblichkeit und der allergischen Erkrankungen nach Tschernobyl fest (Prof. Dr. Jens Scher, Universität Bremen). Mehr über die Folgen von Fukushima finden Sie bei der Organisation für eine Welt ohne atomare Bedrohung (IPPNW) vom März 2015.

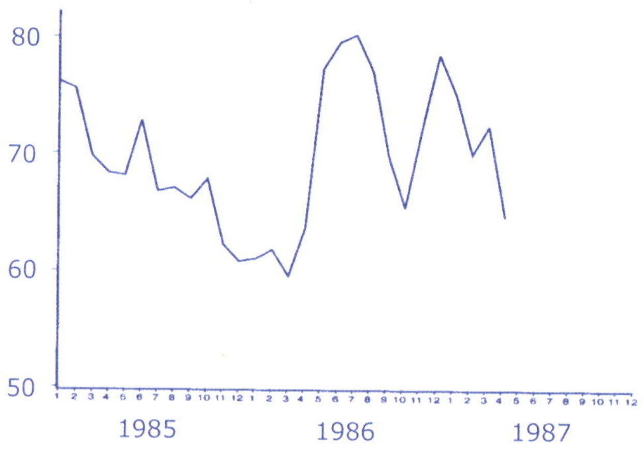

Innerhalb der ersten 7 Tage gestorbene Kinder im Süden der BRD (Zahlen pro Monat)

Registrierte Allergien in Westdeutschland (DAK)

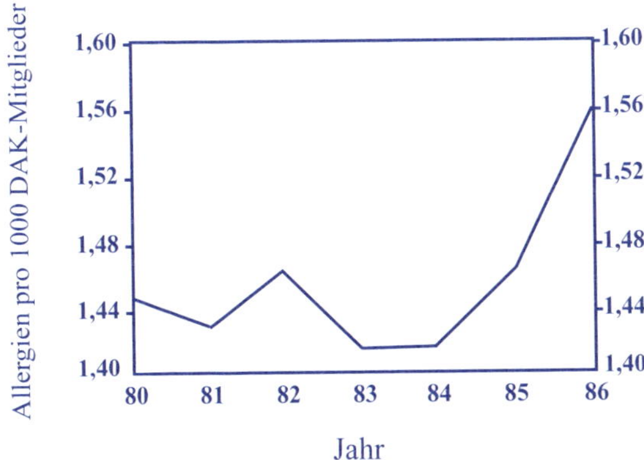

1.10 Die akute Strahlenkrankheit

Darunter versteht man ein charakteristisches Krankheitsbild, das bei Menschen und Säugetieren schon nach einer kurzzeitigen, stärkeren radioaktiven Bestrahlung auftritt. Die aufgenommene Dosis entscheidet über Verlauf, Dauer und Schwere des Strahlungssyndroms.

Bei einer Belastung von 4 Sv (400 Rem) sähe der zeitliche Ablauf folgendermaßen aus:

Latenzphase: Beschwerdefreie Zeit von 4–12 Stunden nach der Strahlungsbelastung.

Frühphase: Dauert 2–3 Tage mit Übelkeit, Erbrechen, Kopfschmerzen, Mattigkeit, Appetitlosigkeit.
Blutbild: vorübergehende Zunahme der weißen Blutkörperchen und eine schnell eintretende erhebliche Abnahme der Lymphzellen.

Ruhephase: Dauert bis zu 3 Wochen mit relativ wenig Symptomen. Dieser Zustand der Beschwerdelosigkeit ist jedoch trügerisch und gefährlich, da in dieser Zeit jede körperliche Belastung den weiteren

Krankheitsverlauf verschlechtert.
Blutbild: Verringerung der weißen Blutkörperchen und der Blutplättchen. Mäßige Anämie = Blutarmut.

***Kritische Phase**:* Dauert ca. 3–12 Wochen mit Allgemeinsymptomen wie in der Frühphase und zusätzlich Fieber infolge von Infektionen; Durchfall und Blutungen.
Blutbild: Mangel an Blutplättchen und weißen Blutkörperchen.

***Endphase**:* Im Anschluß an die kritische Phase stirbt ca. die Hälfte der Strahlenkranken. Die Erholung der Überlebenden dauert Monate. Spätschäden können auftreten.

Die folgenden Symptome der akuten Strahlenkrankheit können einzeln oder kombiniert auftreten:

- Unstillbares Erbrechen
- Hohes Fieber
- Depressionen, in denen man keinen Ausweg mehr sieht
- Bleierne Müdigkeit, die tief in den Knochen sitzt, große Schwäche
- Knochenschmerzen, besonders in Gelenknähe
- Durchfall, besonders von unverdauter Nahrung
- Reizhusten
- Schilddrüsenüberfunktion
- Rötung der Haut, mit oder ohne heftiges Jucken und Brennen
- Abortneigung bis zum 3. Schwangerschaftsmonat
- Fruchtschädigung bei Schwangeren

1.11 Chronische Schäden durch Radioaktivität

Chronische Schäden entwickeln sich nach Monaten oder erst nach Jahren, zum Beispiel nach einer Langzeitbestrahlung im Gebiet des radioaktiven Niederschlags, nach der Aufnahme verseuchter Nahrung oder im Anschluß an die Frühschäden:

- Schädigung des blutbildenden Knochenmarks und des lymphatischen Gewebes
- Fruchtbarkeitsstörungen, Gewebeschwund und geschwürige Hautveränderungen
- Immunschwäche, Infektanfälligkeit, Therapieresistenz
- Bösartige Gewebsveränderungen, Leukämie etc.
- Haarausfall, vorzeitiges Altern

In der Nähe von Atomkraftwerken kommt es zu einem besonders hohen Risiko vor oder kurz nach der Geburt (z. B. Windscale, Sellafield). Außerdem ist die Rate der Leukämiesterblichkeit bei Kindern signifikant höher als im Landesdurchschnitt; z. B. in Herigen, Würgassen, Adlermorton und Burghfield (Demuth, 1988, und Stein, 1988).

1.12 Spätschäden nach erhöhter Strahlenbelastung

Bis zum Auftreten von Spätschäden gibt es eine Latenzzeit von unterschiedlicher Länge, diese kann 20–30 Jahre betragen. Organe und Gewebe, die nicht akut geschädigt wurden, können früher oder später Spätschäden zeigen. Hierzu gehört vor allem der Strahlenkrebs. Bösartige Geschwülste können auch spontan, ohne erkennbare Ursache auftreten. Statistische Untersuchungen haben aber eindeutig nachgewiesen, daß ein Zusammenhang besteht zwischen der Strahlungswirkung und dem Auftreten dieser Schäden.

Bisher sind beim Menschen folgende Spätschäden bekannt:

- *Leukämie:* Selbst 25 Jahre nach Hiroshima und Nagasaki wurde bei Überlebenden ein gehäuftes Auftreten dieser durch eine Überfunktion der weißen Blutkörperchen gekennzeichneten Krankheit beobachtet. Auch bei Radiologen wurde bei mangelhaften Strahlenschutzmaßnahmen eine erhöhte Leukämie-Rate festgestellt.
- *Bösartige Geschwülste, Krebs:* an den verschiedensten Organen bei den Überlebenden von Hiroshima und Nagasaki, nach Radium-Therapien und unzureichendem Strahlenschutz in der Röntgenologie.
- *Vorzeitiges Altern:* Meist auf Verhärtung der Blutgefäße zurückzuführen und verkürzt die Lebenszeit.
- *Augenschäden:* Als Spätfolge der Strahlung kann es zur Linsentrübung(Grauer Star) kommen; Jugendliche sind wesentlich stärker gefährdet.
- *Verminderte Fortpflanzungsfähigkeit und Sterilität:* Nach lokaler Bestrahlung der Hoden oder Eierstöcke kann es bei beiden Geschlechtern zur Sterilität kommen.

1.13 Strahlungsschäden bei Embryonen

Offiziell gibt es keine festgelegten Grenzwerte für Embryos, aber die gleiche Strahlendosis trifft sie bis zu 30mal stärker als Erwachsene. Daher sollte jede zusätzliche Strahlenbelastung wie Röntgen oder Ultraschall vermieden werden.

Die Zellen, die einer raschen Teilungsfolge unterliegen, sind am strahlungsempfindlichsten. Das im Mutterleib heranreifende Kind ist daher bei einer Bestrahlung besonders gefährdet. In der Zeit von der Befruchtung des Eies bis zur Einnistung sterben die meisten Embryonen schon nach kleinen Dosen ab.

Im ersten Drittel der Schwangerschaft kann es selbst bei niedriger Strahlenbelastung zu Organmißbildungen kommen, größere Strahlendosen können zum Fruchttod führen.

In der Wachstumsphase, etwa ab der 15. Schwangerschaftswoche, treten zwar keine Mißbildungen mehr auf, es muß aber mit Spätschäden gerechnet werden (wie bösartigen Tumoren), die erst im späteren Leben des Kindes auftreten.

Besonders die Keimzellen des Kindes sind bei einer Bestrahlung im letzten Drittel der Schwangerschaft gefährdet.

1.14 Schäden durch Niedrigstradioaktivität

Ein kurz vor Tschernobyl erschienenes Buch („Warum auch geringe Radioaktivität lebensgefährlich ist" – herausgegeben von Holger Strohm, Frankfurt / Zweitausendeins) enthält Beiträge von Atomwissenschaftlern aus den 70er Jahren, in denen vor den Gefahren von Niedrigststrahlung gewarnt wird. Es folgen Ausschnitte aus dem Aufsatz des Radiobiologen Prof. Dr. Ernst Sternglass:

„Alle Schätzungen über die Schadenswirkung der Niedrigstradioaktivität in der Luft und im Wasser sind falsch, und zwar um den Faktor 100 und mitunter sogar 1000. Das liegt daran, daß man die Studien über Röntgenstrahlen auf radioaktive Strahlung aus Uranprodukten übertrug. Dadurch kam es zu folgenschweren Fehleinschätzungen.

Jahrelang hielten wir genetische Schäden für die gefährlichsten Folgen der Radioaktivität. Es stellte sich heraus, daß die menschlichen Gene in den Ei- und Samenzellen buchstäblich eine Million mal resistener gegen Radioaktivität sind als ein Embryo oder Fötus. Weiterhin ergab sich, daß Eizellen fähig sind, sich selbst zu reparieren. Dies wurde durch umfangreiche Untersuchungen an Mäusen im Oak Ridge Laboratorium bestätigt: Bei geringer Bestrahlung mit Radioaktivität reparierten die Eizellen sich entweder selbst oder sie waren so beschädigt, daß eine Befruchtung nicht mehr möglich war.

Bei Kindern, die während der Schwangerschaft in utero bestrahlt wurden, reichten 1,2 rad aus, um die Krebs- und Leukämieraten im ersten Lebensjahrzehnt zu verdoppeln. Kinder, die der Strahlung in den ersten Wochen der Schwangerschaft ausgesetzt waren, zeigten den gleichen Effekt bereits bei 0,1 rad, also genau bei der Menge, die wir durch die natürliche Strahlung innerhalb eines Jahres erhalten. Dr. Stewart ermittelte diese Werte an 19 Millionen Kindern in England und Wales, die systematisch überwacht wurden. Mit anderen Worten: Wir haben die Schadenswirkung der Radioaktivität grob unterschätzt."

„In über 1000 Artikeln, die über 20 Jahre lang geheim gehalten worden waren, wurde 1972 vom 'United Nations Scientific Commitee' nicht die durch Radioaktivität erhöhte Krebsgefahr als die bedrohendste Wirkung der Radioaktivität herausgestellt, sondern eine sehr komplizierte Herabsetzung der Abwehrkräfte gegen Krankheiten. Versuche haben diese Annahme bestätigt: Affen, die mit geringen Dosen von Radioaktivität bestrahlt wurden, erkrankten zu 80% an einem bestimmten Bazillus oder Virus, während unbestrahlte Tiere nur zu 5–10 % erkrankten."

„Eine Studie über Bergarbeiter in Uranbergwerken brachte überraschende Ergebnisse zutage: Die Bergarbeiter, die nur gering bestrahlt wurden, starben viel häufiger an Lungenkrebs, als wir es noch nicht einmal für die stark bestrahlten Bergarbeiter erwartet hätten.

Erneute Berechnungen ergaben daraufhin, daß längere Einwirkung geringerer Strahlungsmengen, die man bisher für völlig harmlos hielt, sogar mehr Krebsfälle ergaben, als sie für höhere Strahlungsmengen vorausgesagt worden waren."

„Erst 25 Jahre nach Hiroshima wurde der wahre radioaktive Ausstoß aus einem Atomkraftwerk bekanntgegeben: Reaktor für Reaktor gibt so viel Radioaktivität an die Umwelt ab wie die Atombomben in Japan und in den USA, England usw. zur Zeit intensivster Testversuche."

„Um 1940 betrug der Gesamtanteil an Radium auf der Welt einige Gramm, oder anders ausgedrückt einige Duzend Curie. Allein aus einem KKW (Dresden in Illinois) entwichen pro Jahr 736.000 Curie. In den USA hatte man 20 Millionen Curie aus einem Atomkraftwerk erlaubt!"

„Zahlen über die wirklichen Auswirkungen der Radioaktivität wurden von allen Staaten vor ihrer Bevölkerung geheimgehalten. Die Weltbevölkerung mußte unwissend gehalten werden, und den Wissenschaftlern wurde verboten, einschlägige Daten zu veröffentlichen."

„Bestimmte Organe reichern radioaktives Material an. In Japan stieg die Sterberate bei Bauchspeicheldrüsenkrebs nach Hiroshima um 1200 % an, während alle anderen Krebserkrankungen mit tödlichem Ausgang um 60 % anstiegen. Lungenkrebs stieg in Japan zwischen 1950 und 1965 um 750 % an."

„Die Kombination von Zigarettenrauch mit radioaktivem Staub gilt als absolut tödlich. Tabakblätter werden nämlich durch radioaktive Materialien leicht kontaminiert, besonders durch Plutonium und Polonium. Durch das Rauchen wird die Aktivität der Flimmerhärchen verlangsamt und alles, was die Lunge einatmet, bleibt länger in ihr."

„Die Kombination zwischen einem gewöhnlichen Luftverschmutzer und Radioaktivität ist bei weitem gefährlicher als jedes für sich. Die größte Geißel der Menschheit ist wohl der Synergismus zwischen gewöhnlichem Staub, gewöhnlichen, harmlosen Luftverschmutzern und den enormen Mengen an radioaktiven Gasen, die den chinesischen Tests, den laufend stattfindenden französischen und russischen Tests und durch die laufenden Emissionen von Atomenergieanlagen erzeugt werden."

„Erst auf Grund des Drängens von Kongreßmitgliedern beschloß das US-Energieministerium im Juli 1989 die bisher streng geheimgehaltenen Gesundheitsakten von 600.000 Mitarbeitern, die seit Anfang der 40er Jahre in regierungseigenen Kernkraftwerken beschäftigt waren, unabhängigen Medizinern und Forschern zugänglich zu machen."

„Es wird vermutet, daß das Ministerium Daten verheimlicht oder verschleiert hat, die auf die Gefährlichkeit von einem niedrigen Strahlenniveau hinweisen."

In ähnlicher Weise wurden nach dem Vietnamkrieg diejenigen, die das Gesicht des Landes in ein schlechtes Licht rückten, wie Aussätzige behandelt.

1.15 Strahlungsschäden bei Pflanzen

Die radioaktiven Stoffe, die durch Reaktorunfälle oder Atombombentests in die Luft gelangen, werden vom Wind bis in weit entfernte Gebiete getragen, wo sie schließlich als „Fallout" (radioaktiver Staub) oder, zusammen mit dem Niederschlag, als „Rainout" bzw. „Washout" in den Boden gelangen. Bei der indirekten Kontamination nimmt die Pflanze die radioaktiven Bestandteile über die Wurzeln auf. Kalkhaltige Teilchen sind eher löslich.

Besonders gefährdet sind auch hier Pflanzen, die sich in Phasen vermehrter Zellteilung, also Wachstumsphasen, befinden. Man braucht den Pflanzen ihre radioaktive Verseuchung überhaupt nicht anzusehen; sie können anfälliger für Krankheiten sein, es kann aber auch zur gegenteiligen Wirkung führen. Nach Hiroshima hat man beobachtet, daß es zu Mutationen kam, die sich durch ein vermehrtes Wachstum auszeichneten.

Die Niederschlagsteilchen aus einer Bodendetonation über Wasser- und Moorflächen weisen eine höhere Löslichkeit auf.

Direkte Kontamination (Direktbefall) – Fallout und Rainout

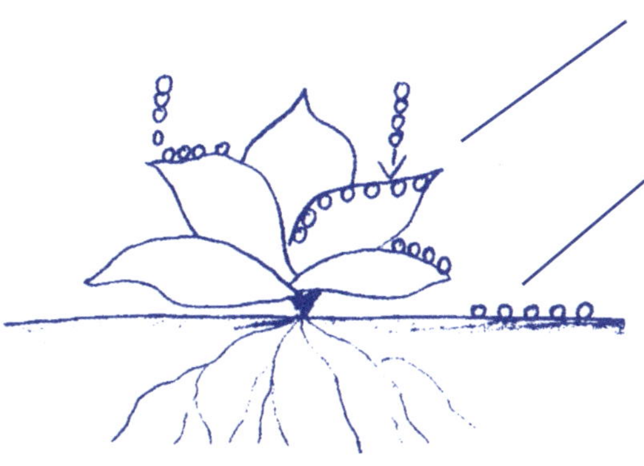

Randschichtverstrahlung: bei genügender Feuchtigkeit dringt ein Teil in die oberen Zellschichten der Pflanze ein.

Oberflächenverstrahlung: Blätter halten bis zu 40 % des radioaktiven Niederschlags zurück (je nach Größe und Oberflächenbeschaffenheit).

Indirekte Kontamination

Hierbei findet eine Verdünnung durch Washout statt.

Totalverstrahlung: Über den Saftstrom werden die löslichen radioaktiven Stoffe auf die ganze Pflanze verteilt, auch über die Wurzeln werden radioaktive Stoffe aufgenommen.

Die Erde, vor allem der Lehm, bindet radioaktive Stoffe (besonders Caesium).

2. Grundlegende Maßnahmen

2.1 Ratschläge für den Garten

Gemüse, das mit Fallout verseucht ist, sollte auf keinen Fall untergepflügt werden, denn damit würde die Radioaktivität den Wurzeln zugänglich gemacht werden. Dieses Gemüse muß herausgezogen oder abgemäht werden, es gehört in den Sondermüll, auf keinen Fall auf den Kompost.

Im eigenen Garten trägt man am besten die oberste Erdschicht 3 cm tief ab, um sich der radioaktiven Isotope zu entledigen. Damit gibt man zwar die fruchtbarste Schicht weg, aber die regeneriert sich mit Hilfe des biologischen Anbaus (nicht umgraben, mulchen etc.) relativ schnell. Ansonsten hätte man über Jahre und Jahrzehnte einen verstrahlten Boden.

Heutzutage sind unsere Kulturböden infolge einseitiger kaliumreicher Kunstdüngung an löslichen Calciumsalzen verarmt. Man kann davon ausgehen, daß eine durch Kunstdünger, Pestizide und Insektizide geschwächte Pflanze, die bekanntermaßen für Schädlingsbefall und Krankheiten weitaus anfälliger ist als Pflanzen aus biologischem Anbau, auch die negativen Auswirkungen der Radioaktivität schlechter ausgleichen kann. Das gleiche gilt natürlich für Mensch und Tier.

Die Verwendung von kalium- und phosphathaltigen Düngemitteln bei der Produktion von Nahrungs- und Futtermitteln kann zu einer vermehrten Aufnahme natürlicher radioaktiver Stoffe und zu einer Erhöhung der dadurch bedingten inneren Strahlenbelastung führen. Phosphatgestein enthält in relativ hoher Konzentration Uran und dessen radioaktive Zerfallsprodukte wie Radium 226. Deshalb ist sowohl der Phosphatabbau als auch die Düngemittelproduktion einschließlich der Lagerung mit einer erhöhten Strahlenbelastung verbunden.

Was die zukünftige Bearbeitung unserer verstrahlten Nutzflächen anbelangt, so rücken einige Verfahren in den Vordergrund, die dem biologisch wirtschaftenden Gärtner oder Bauern längst bekannt sind:

- *Kein Umgraben mehr:* Dadurch werden die radioaktiven Stoffe nicht im Boden verteilt.
- *Mulchen:* Wenn nicht umgegraben wird, empfiehlt es sich zu mulchen, d. h. die Erdoberfläche mit verrottbarem organischen Material zu bedecken. Dadurch wird der Boden mit wichtigen Mineralien und Spurenelementen angereichert; es verdunstet weniger Wasser, man braucht weniger zu bewässern. Im Fall eines erneuten Fallouts könnte man dann einfach die Mulchschicht entfernen und erneuern.
- Die Beete müssen mit Kalk bzw. *Korallalgenkalk, Urgesteinsmehl* oder *Basaltmehl* und *Holzasche* versorgt werden, so daß die Pflanzen nicht zuviel Caesium und Strontium aufnehmen können. Holzasche besteht hauptsächlich aus Kalium und kann der Pflanze statt Caesium angeboten werden.
- Man könnte *Senf anpflanzen*, der dem Boden aber nur eine radioaktive Substanz (Jod) entzieht. Die 15–20 cm hohen Pflanzen dürften allerdings nicht auf den Kompost.

2.1.1 Gemüse

Bei Wurzelgemüse lagern sich bis zu 90 % der radioaktiven Substanzen im Kraut an. Dieses Gemüse könnte also im Normalfall ruhig gegessen werden. Aber wenn jemand trotzdem Angst hat oder mehr gefährdet ist (Kinder, Schwangere, Alte, Kranke), dann kann man durch das Abschälen rund 60 % der noch in der Wurzel verbliebenen Radioaktivität eliminieren. Eine ähnliche Berechnung gilt für Gemüse und Obst, das oberhalb der Erde wächst; zum Teil lagert sich die Radioaktivität in den Kernen, im Kerngehäuse, im Stielansatz und seiner Umgebung ab. Bei

Kohl, Chicorée und ähnlichem lagert sich die Radioaktivität im Mark bzw. Strunk ab. Blattgemüse enthält mehr als anderes Gemüse, aber die großen äußeren Blätter und der Strunk enthalten am meisten.

- *Gemüse mit großer Oberfläche,* z.B. Kohl oder Wirsing, fängt viel radioaktiven Staub auf, der sich schwer abwaschen läßt.
- *Rundes, glattes Gemüse* hingegen, z. B. Kohlrabi, fängt weniger Staub auf und ist gut abzuwaschen.
- *Wurzelgemüse* kommt mit Fallout nicht in Berührung.
- *Obst* kann bei Belastung mit Fallout geschält werden. Der Fallout auf dem Gemüse macht es noch nicht radioaktiv: er ist zu 25 % abwaschbar und durch Schälen zu entfernen.

2.1.2 Pilze und Beeren

Waldpilze und -beeren sind bekannt dafür, daß sie Schwermetalle anreichern; sie werden in absehbarer Zeit in höchstem Maße Radioaktivität speichern. Selbstgezüchtete Pilze sind in dem Maße verstrahlt wie das Stroh, auf dem sie wachsen. Bei der akuten Strahlenbelastung sind alle Pilze nicht unbedenklich und können bei einem empfindlichen Magen oder Darm leicht zu Übelkeit und Erbrechen oder Durchfall führen. Beeren enthalten auch Radioaktivität, aber im Vergleich zu anderem Obst relativ wenig. Anders ist es mit wild wachsenden Beeren, die dafür bekannt sind, daß sie aus dem sauren Waldboden mehr Schwermetalle aufnehmen.

Pflanzen sind nicht „dumm“; die kosmische Intelligenz ist überall gegenwärtig. Und so können wir den Pflanzen mit homöopathischen Mitteln und Chakrablüten Essenzen behilflich sein.

2.1.3 Der Einsatz von Homöopathie im Garten

Radium bromatum

ist das wichtigste homöopathische Mittel, welches den Pflanzen nach einer radioaktiven Verstrahlung in der Potenz C 200 alle 4–6 Wochen gegeben werden sollte.

Dosierung:

- 2–5 Tropfen in 10 Liter Wasser kräftig verrühen und leicht auf alle Pflanzen sprühen. Anfangs alle 3–7 Tage, später alle 2– 4 Wochen wiederholen, bei akuter Strahlenbelastung täglich.

2.1.4 Der Einsatz von Chakrablüten Essenzen im Garten

Die ersten ***Chakrablüten Essenzen*** haben wir 1997 entdeckt. Indem sie die Energiezentren, Chakren genannt, ausgleichen und reinigen, kann unmittelbar eine kraftvolle Heilung über das befreite Chakra, das auch die Pflanzen besitzen, in Bewegung gesetzt werden.

Dosierung im Notfall:

- 2–5 Tropfen in eine zehn Liter Gießkanne geben und damit täglich bis 2 x wöchentlich die Pflanzen gießen oder besprühen.
- Tiere einsprühen und 1– 4x täglich 2 Tropfen geben.

Magnetische Essenz (Yuccapalme)

– schützt allgemein vor Radioaktivität und genügt in der Regel als alleinige Essenz bei leichter Strahlenbelastung. Sollte diese Essenz nicht ausreichen, kommen dieselben Essenzen wie für Menschen bei den Pflanzen zum Einsatz (siehe auch auf Seite 111ff). Sie wirkt auf den Energiefluss und unterstützt die Pflanzen im Wachsen und Emporstreben.

Leberchakra Essenz (Rotviolette Distel)
– Ihre Hauptaufgabe liegt in der Entgiftung von radioaktiven Elementen über die Leber. Sie kommt dann zum Einsatz, wenn die Pflanzen und die Erde sehr unter der radioaktiven Vergiftung zu leiden scheinen. Die entgiftende Kraft der Selbstheilung wird angeregt.

Sunrise Essenz (Waldlilie)
– Sollte die Erde durch Kunstdünger, Schwermetalle, Insektizide oder Unkrautvernichtungsmittel in ihren Selbstheilungskräften eingeschränkt sein, so kann die Sunrise Essenz speziell in dieser Richtung die Entgiftung anregen. Anschließend kann die Magnetische Essenz wieder besser wirken.

Essenz des Blauen Strahls (Blauroter Steinsame)
– Eine wichtige Essenz in der Anfangsphase eines radioaktiven Fallouts, wenn die Belastung durch radioaktives Jod vorherrscht. Sie fördert speziell dessen Umwandlung.

Herzchakra Essenz (Moorsteinbrech)
– Sie kommt neben der Magnetischen Essenz in der ersten Phase in Frage, wenn Schock und Verzweiflung vorherrschen.

Zellessenz (Palo verde)
– Schützt und regeneriert die Zelle in ihren Funktionen.

Medulla Essenz (kalifornischer Mohn)
– Angezeigt bei radioaktiver Luftverschmutzung, stärkt und reinigt das Atemzentrum.

In der gleichen Weise sind die Chakrablüten Essenzen für Tiere wie Kühe, Hühner und andere Nutztiere anwendbar.

2.2 Wie sicher ist das Haus?

Radioaktive Strahlen werden entsprechend ihrer Art und Energie beim Durchdringen von Materie mehr oder weniger abgeschwächt. Das beruht auf dem Vorgang der Ionisation, d. h. wenn die Strahlung mit Hüllenelektronen zusammenstößt, gibt sie dabei ihre Energie ab.

Je schwerer ein Abschirmstoff ist, d. h. je höher sein spezifisches Gewicht ist, desto größer ist seine Abschirmfähigkeit. Deswegen werden z. B. beim Röntgen Bleiplatten zum Abschirmen benutzt.

Feuchte Erde oder Sandsäcke schirmen ebenfalls ab, weshalb empfohlen wird, sich bei starkem Fallout gegebenenfalls in den Keller zurückzuziehen und die Außenwände und Fenster mit Erde und Sandsäcken abzudichten bzw. die Fensteröffnungen zuzubetonieren oder zuzumauern.

Die beiden folgenden Tabellen sind dem Buch von E. Lengfelder[8)] entnommen:

Baustoff	**Unterschied in %**
Bimsstein	+ 50
Schlackenstein	+ 47
Klinker	+ 36
Ziegel und Naturstein	+ 35
Lehm	+ 33
Blähbeton	+ 28
Kalkstein	+ 24
Beton	+ 24
Holz	− 4

Durch Baumaterialien bedingte durchschnittliche Zunahme der terrestrischen Gammadosis in Häusern im Vergleich zur Dosis im Freien vor dem Reaktorunfall in Tschernobyl. Quelle: BMI 1978

Baumaterial	Radium und Thorium in Bq/kg	
	Mittelwerte	Grenzwerte
Kalziumsilikat-Schlacke	2200	
Alaunschiefer	1600	
Chemiegips (Phosphorit)	620	300–1000
Rotschlammsteine	500	20–2700
Flugasche (Kohleverbrennung)	340	140–700
Bodenasche (Schlacke)	270	230–310
Zementgebundener Schlackenstein	200	40–900
Bims, Tuff	200	50–700
Granit	180	80–700
Zementgebundener Bimsstein	170	50–500
Ziegel	130	40–300
Sandstein	60	40–140
Portlandzement	50	20–90
Kalksandstein, Gasbeton	40	10–140
Kalkstein	40	15–40
Bitumen, Teer	40	
Natursand und Kies	30	10–80
Naturgips	30	10–80
Zementgebundene Holzspäne	30	15–50
Holz	1	

Gehalt von Baumaterialien an natürlichen radioaktiven Stoffen, die beim Zerfall auch Radon freisetzen. Quellen: UNSCEAR 1982, BMI 1981, BMU 1985

2.3 Sauberkeit

Wichtig ist das tägliche Waschen des ganzen Körpers. Duschen reicht aus, doch ist es optimal, in heißem Wasser, welches mit Meersalz angereichert ist, zu baden und sich danach warm abzuduschen. Das Salz ionisiert das Wasser; dadurch werden die radioaktiven Teilchen auf der Haut noch besser abgezogen.

In der Arzneimittelprüfung von ***Radium bromatum*** (s. S. 80) wurde das Symptom herausgebracht: „Heiß baden bessert die Beschwerden". Bei akuter Strahlenbelastung ist täglich ein heißes Bad zu empfehlen. Wenn das Wasser kontaminiert ist, empfiehlt es sich, ein kurzes Bad mit viel Meersalz oder Steinsalz zu nehmen. In diesem Fall ist es dann besser, anschließend nicht zu duschen.

Fallout kann man abwaschen oder abschütteln. Deshalb ist es wichtig, sich nach einem Aufenthalt im Freien die Hände zu waschen und die Haare auszubürsten. Ebenso sollte die Kleidung öfter gewaschen oder zumindest gut abgeschüttelt werden, das gilt gerade für Jacken und Mäntel. Auch das Bettzeug sollte man des öfteren dieser Prozedur unterziehen.

Es versteht sich von selbst, daß man bei Fallout die Wäsche nicht draußen zum Trocknen aufhängen darf. Man muß verstärkt darauf achten, daß Haus oder Wohnung saubergehalten werden.

Dazu empfehlen wir folgende Maßnahmen:

- Keine Straßenschuhe im Haus tragen: Ledersohlen saugen die Radioaktivität förmlich auf, Gummi- und Kunststoffsohlen dagegen weniger stark.
- Die Fußböden, Balkon und Terrasse naß wischen.
- Staubsaugen mit Mikrofilter, sonst entsteht eine Staubschleuder!

2.4 Wunden

Über offene Wunden können die radioaktiven Stoffe sehr leicht in den Körper eindringen (besonders gefährlich: Alpha-Strahlen!). Wunden müssen daher gut ausgedrückt und mit warmem Wasser gründlich gewaschen werden, dann die Schorfbildung nicht weiter stören. Wenn die Wunde zu groß ist und offen bleibt, ist anfangs ein Verband notwendig.

Um Verletzungen zu vermeiden, sollte nicht barfuß gelaufen werden! Denn die ungeschützte Haut nimmt besonders durch Wunden leicht Fallout auf. Was kann passieren, wenn beim Barfußlaufen radioaktive Partikel aufgenommen werden? *(Siehe auch Fallbeschreibung auf S. 88)*

- Hautausschlag mit oder ohne Juckreiz
- Bei offenen Wunden kommen Allgemeinsymptome hinzu wie: Schwäche, Müdigkeit, Übelkeit, Brechreiz.

Behandlung:

Bei allen Wunden empfiehlt es sich, neben ***Radium bromatum*** auch ***Arnica*** C 200, 3 Tropfen innerlich zu nehmen und die Haut um die Wunde herum vorsichtig mit einer verdünnten ***Calendula***-Lösung zu betupfen. Nie Arnica-Tinktur in eine offene Wunde geben – es brennt sehr und kann eine heftige Entzündung hervorrufen.

Arnica C 200 sorgt generell für eine gute Wundheilung und beugt Komplikationen vor, wie sie nach Verstrahlung vermehrt auftreten können.

Die ***Zellsalbe spezial*** eignet sich von den Chakrablüten Essenzen am besten als Wundsalbe.

Bei Verbrennungen durch radioaktiven Fallout kommt eher die ***Sonnenwohlcreme*** zum Einsatz. Sie fördert ebenfalls die Wundheilung und Zellregeneration bei Schäden durch Radioaktivität.

2.5 Ernährungstips

(siehe auch 2.1.1 „Gemüse“, 2.1.2 „Pilze und Beeren“ und 2.6 „Radioaktivität in Lebensmitteln“)

Wenn Menschen mit einer gesunden Lebensführung extremen Umständen ausgesetzt sind, können sie Krankheiten effektiver abwehren. Daher können sie auch die Wirkung von Radioaktivität besser abwehren. Der Grund dafür ist sehr einfach. Ihr Körper befindet sich im Einklang. In ihm sind die verschiedenen Mineralien, Vitamine und andere wichtige Substanzen, die vom Körper benötigt werden, um einen ausgewogenen Zustand aufrechtzuerhalten, alle hinreichend vorhanden. Darüber hinaus haben diese Menschen umfangreiche Reserven, auf die sie ohne weiteres und sehr ökonomisch zurückgreifen können.

Die Empfehlungen für eine gesunde Lebensführung gelten daher auch bei einer radioaktiven Vergiftung.

- Nehmen Sie qualitativ hochwertige, nährstoffreiche Vollwertkost zu sich.
- Verzehren Sie größere Mengen Gemüse und Obst.
- Sprossen und Weizengrassaft sind äußerst empfehlenswert.
- Ein wenig Rotwein (ca. 50 ml 1–2 x am Tag) hilft, die radioaktiven Substanzen wieder aus dem Körper auszuscheiden.

Für Menschen, die sehr schwer erkrankt sind mit hohem Fieber, Erbrechen oder Durchfall, ist es ratsam, nahrhafte Suppen zu sich zu nehmen. Auch Schleimsuppen unter Verwendung von Gerste oder gekeimtem Hafer oder Haferflocken können verzehrt werden. Dazu kann man noch ein wenig Gerstenmalzextrakt geben.

Die Ernährung sollte leicht, bekömmlich und nahrhaft sein. Wichtig sind Lebensmittel, die den natürlichen Kalk enthalten, damit der Organismus nicht auf das radioaktive Strontium angewiesen ist. Kalk in natürlicher Form wird besser aufgenommen als jedes konzentrierte Kalkpräparat (Ausnahme: homöopathische Mittel, siehe dort).

Milch ist das Lebensmittel, das am meisten Kalk enthält. Die Milch wird wiederum sehr leicht von radioaktiven Stoffen verseucht, so daß am Anfang, wenn die Belastung noch hoch ist, der Verzehr von Milch nicht zu empfehlen ist.

In den Zeiten, die auf uns zukommen, ist es wichtiger denn je, sich von Vollwertkost aus biologischem Anbau zu ernähren.

Die Erfahrungen von Hiroshima haben gezeigt, daß die Menschen, die sich gesund ernährt hatten, viel belastungsfähiger waren bzw. weniger Spätschäden aufwiesen als die anderen.

Der Körper braucht Spurenelemente, die jedoch in unserer degenerierten Nahrung fehlen. Werden nicht genügend Spurenelemente in der täglichen Nahrung angeboten, dann werden vermehrt radioaktive Isotope an ihrer Stelle eingelagert.

Eine ausreichende Zufuhr von Vitaminen ist in diesem Zusammenhang besonders wichtig, da die verschiedenen Aufbaustoffe erst mit Hilfe von Vitaminen richtig assimiliert werden können.

In Notsituationen kann man natürlich nicht wählerisch sein und manchmal mag es die einzige Möglichkeit sein, auf Konserven und abgepackte Lebensmittel zurückzugreifen. Wenn auch die Milch verstrahlt ist, dann ist es besonders wichtig, für Babys und jüngere Kinder einen Milchersatz zu besorgen. Molkeeiweiß, das aus süßer biologischer Molke hergestellt wird, ist dabei eine ausgezeichnete Wahl, wenn gute Milch knapp ist.

Homöopathische Unterstützung:
In dieser Zeit muß unbedingt genügend ***Calcium carbonicum*** Dl–D2 gegeben werden, besonders Kindern und Schwangeren.

- Dosierung: 1–2 Tabletten;
- 3 x täglich für alle, die geschwächt, schlecht ernährt, schwerkrank oder älter sind, ebenso für Babys, Kleinkinder und Schwangere.
- 2 x täglich für alle anderen gesunden Personen.

2.5.1 Keimlinge

Als wir vor 25 Jahren erstmals dieses Heft veröffentlicht hatten, waren Keimlinge in der Ernährung weitgehend unbekannt. Wer damals nach Tschernobyl unseren Rat, diese zu verzehren, befolgt hatte, berichtete über ein deutlich besseres Wohlbefinden. Heute sind Keimlinge allgemein als Teil eines gesunden Lebensstils anerkannt. Sogar in den besten Restaurants finden sich Keimlinge im Salat oder in den anderen Speisen.

Inzwischen ist allgemein bekannt, daß zuviel Eiweiß verzehrt wird, jedoch ist es weit weniger weit verbreitet, daß auch der Anteil an Getreide in unserer Nahrung zu hoch ist.

Wenn wir zuviel Nahrung zu uns nehmen, die lange und komplizierte Verdauungsprozesse auslöst, dann sind wir mit unserer Energie hauptsächlich damit beschäftigt. Für unsere geistige und seelische Seite bleibt kaum noch Energie übrig. Es wird nicht nur zuviel gegessen, sondern auch zu häufig. Dadurch kommt die Verdauung nie zur Ruhe und ist überfordert, was kurz oder lang zu Störungen führt.

Anders ist es bei gesunden Kindern und Schwangeren (damit ist in erster Linie die seelische Gesundheit gemeint): Sie werden instinktiv die richtige Nahrung wählen.

Was haben Keimlinge damit zu tun?
Keimlinge sind enzymatisch umgewandelt. Sie sind viel leichter zu verdauen als normales Getreide und Eiweiß. Wir benötigen zu ihrer Verdauung viel weniger Energie; sie führen uns sogar noch Energie zu, da sie durch das Keimen in den Prozeß des Lebens eingetreten sind. Sie können immer ganz frisch verzehrt werden.

Käme es dazu, daß Gemüse gar nicht mehr verzehrt werden kann, können Keimlinge als optimaler Gemüseersatz genutzt werden. Sie sind sehr sättigend, leicht verdaulich und kleinere Mengen als von anderer Kost reichen aus. Sie enthalten viele Spurenelemente, Enzyme und Vitamine.

2.5.2 Sprossen selber ziehen

Es gibt verschiedene Verfahren, um Keimlinge herzustellen. Die Körner, Samen oder Bohnen müssen als erstes 12–24 Stunden in Wasser eingeweicht werden. Anschließend werden sie gewaschen und feucht gehalten. Nach ca. drei Tagen können die Keimlinge gegessen werden. Der Überschuß kann unbedenklich noch einige Tage im Kühlschrank aufbewahrt werden.
Hierfür eignen sich folgende Techniken:

1. *Im Tuch:* Körner oder Samen feucht-luftig und warm in ein Tuch einschlagen. Die Keimlinge und das Tuch täglich auswaschen.
2. *Im Weckglas:* Körner oder Bohnen über Nacht in Wasser einweichen, dann in ein großes Glas füllen und mit einem Mulltuch oder Fliegengaze und Gummiband verschließen. 2 x täglich waschen und anschließend mit der Öffnung schräg nach unten zum Abtropfen hinstellen.
3. *Im Keimgerät:* Die Keimlinge können auch in einem speziellen Keimgerät herangezogen werden.

2.5.3 Weizengras anbauen

Die Amerikanerin Ann Wigmore erkannte als erste den hohen Heil- und Nährwert des Weizengrases („wheat-gras"). Unter anderem vermag es Schadstoffe zu binden, so daß mit Weizengras-Wasser eine gewisse Menge an Radioaktivität entfernt werden kann.

Herstellung

- Um Weizengras wachsen zu lassen, benötigen Sie ein 5 cm hohes Gefäß aus emailliertem Eisen, Porzellan oder Ton (z.B. Bratentöpfe, Tonschalen). Diese Gefäße werden mit guter, fruchtbarer Erde befüllt. Dabei nicht vergessen, vorher die oberste verstrahlte Erdschicht abzutragen. Zuunterst und an die Seiten des Gefäßes kommt eine Schicht Torf und darüber geben Sie die Erde, die Sie gut anfeuchten. Legen Sie die über Nacht eingeweichten Weizenkörner so dicht auf die Erde, daß sie sich leicht berühren.
- Mit Plastikfolie abdecken, so daß die Feuchtigkeit erhalten bleibt, und nach drei Tagen abnehmen.
- Die Pflanzen dürfen nur einem diffusen Sonnenlicht ausgesetzt sein, dies kann sogar im Keller geschehen. Wenn die Pflanzen 15–20 cm hoch gewachsen sind, haben sie die Größe erreicht, die wir brauchen. Nun werden sie mit einer Schere dicht über der Erde abgeschnitten.
- Jetzt können Sie das Weizengras in einem speziellen Entsafter auspressen. Der Saft sollte sofort langsam schluckweise getrunken und nicht aufbewahrt werden. Nehmen Sie 2–3 x täglich einen EL Saft mit 10 EL Wasser zu sich.
- Bei akuter Strahlenerkrankung ist eine größere Menge Saft notwendig. Teilen Sie ca. 100 ml Saft in drei Portionen auf. Zusätzlich sollten Sie genügend Wasser trinken. Verstrahltes Wasser erst mit einem daumendicken Strauß Weizengras reinigen, indem Sie das Weizengras 10–15 Minuten in das Wasser hängen.
- Sie können Weizengras auch nur kauen und dazu Wasser trinken.

Natürlich können auch andere Getreidesorten – wie Dinkel oder Roggen – zum Keimen verwendet werden, sogar Vollkornreis oder Bohnen. Wer Bohnen verwenden möchte, sollte die Bohnensprossen nehmen. Diese können zu Saft gepreßt und sogar gegessen werden. Bohnensprossen lassen sich auch gut im Glas heranziehen.

Bei der akuten Strahlenkrankheit ist das Knochenmark stark betroffen, so daß schlecht Blut gebildet werden kann. In der herkömmlichen Medizin versucht man, das geschädigte Knochenmark zu ersetzen. Diese Knochenmarksübertragungen sind aber sehr komplizierte Operationen, und die Quote der Fehlschläge ist durch Infektionsgefahr und starke Abwehrreaktionen unverhältnismäßig hoch. Zudem schwächt jede Operation den kranken Organismus noch mehr.

Bei einer akuten Strahlenverseuchung, bei der Millionen Menschen betroffen sind, ist es sowieso illusorisch, diese Technik durchführen zu wollen.

Wir sollten uns eher auf die Heilkräfte der Natur zurückbesinnen. Schauen wir uns z. B. das Chlorophyll einmal näher an:

Das Chlorophyll ähnelt im Molekülaufbau dem Hämoglobin. Seine schnelle blutbildende Wirkung hat sich bei vielen Experimenten gezeigt. Der Nobelpreisträger Dr. Fischer und andere Wissenschaftler wie Franz Miller, Dr. Gurskin, Dr. Redpath, Dr. Davis, Dr. Wright benutzten es erfolgreich, um Anämie zu behandeln.

Dr. Earp-Thomas hat über hundert verschiedene Elemente in frischem Weizengras isoliert und folgerte daraus, daß Weizengras für eine vollständige Ernährung ausreichend ist. 15 Pfund frisches Weizengras entsprechen im Nährwert 350 Pfund erlesenstem Gemüse.

Eine begleitende homöopathische Behandlung erhöht die Heilungsquote (siehe Seite 71 ff.). Wenn ein Kranker oder ein Mensch, dessen

Leber nicht in der Balance ist, Weizengrassaft trinkt, kann es Erbrechen auslösen. Dies ist eine normale Reaktion, da der Körper sich auf diesem Weg all der Giftstoffe entledigt, die durch den Weizengrassaft gebunden wurden. Nach dem Erbrechen braucht der Kranke eine nahrhafte Suppe, bevor er eine weitere Portion Weizengrassaft zu sich nehmen kann.

2.5.4 Zitrusfrüchte

Sie enthalten viel Vitamin C, welches die Calciumaufnahme fördert. Zitrusfrüchte erhöhen die natürlichen Abwehrmechanismen des Körpers. Besonders wertvoll sind abgeriebene, getrocknete Zitronenschalen (nur solche aus biologischem Anbau verwenden), die man in kleinen Mengen essen kann.

Äußerliche Anwendung: Getrocknete, pulverisierte Zitronenschalen werden mit Öl (Erdnußöl) vermischt und in die Haut einmassiert. Auch Orangen- und Grapefruitschalen sind geeignet. In Indien benutzt man getrocknete Zitronenschalen, um die Haut schöner und geschmeidiger zu machen. Sie machen die Haut resistenter gegen äußere Einflüsse, auch gegen Strahlen.

Wir beziehen uns zum Teil auf die Forschungen von Dr. Linus Pauling (Nobelpreisträger für Chemie und Frieden). Durch sein Einwirken kam es zur Einstellung der oberirdischen Atombombenversuche der meisten daran beteiligten Länder außer Frankreich. Pauling untersuchte u. a. auch die Wirkung von Zitronen in der Krebstherapie. Die von Pauling empfohlenen hohen Dosen von Ascorbinsäure (künstlich hergestellt) sind jedoch sehr umstritten. Viele Forscher raten aufgrund von Untersuchungen eher davon ab. Durch zu hohen Ascorbinsäurekonsum können schwächende Durchfälle ausgelöst werden. Der Körper scheidet dabei nicht nur das Zuviel an Ascorbinsäure aus, sondern auch andere wertvolle Vitamine und Spurenelemente.

Nahrungsmittelergänzungen sind ein strittiges Thema. Diese müssen von guter Qualität sein und können nicht wahllos eingenommen werden. Im Notfall, bei akuter Strahlenkrankheit und besonders, wenn die oben erwähnten biologischen Alternativen fehlen, können Nahrungsmittelergänzungen von großem Wert sein. In solchen Fällen ist Coenzym Q10 geradewegs wie Ubichinol notwendig, um die Aufnahme bestimmter Vitamine zu ermöglichen. Ubichinol findet sich in Brokkoli, Petersilie, Orangen, Rinderleber, Hühnchenbrust, Makrelen und Gelbschwanz.

2.6 Radioaktivität in Lebensmitteln

Drei Monate nach Tschernobyl wurden folgende Belastungen festgestellt:

Milch und Milchprodukte: Vor Tschernobyl wäre eine mit 500 Becquerel belastete Milch nach der Strahlenschutzverordnung als radioaktiver Sondermüll behandelt worden, nach Tschernobyl hat man den Grenzwert auf 500 Becquerel festgelegt. Milch ist schnell radioaktiv belastet.

H-Milch: stammt inzwischen auch aus radioaktiv belasteter Milch.

Frischmilch: in einigen Bundesländern erhöht radioaktiv belastet.

Milchpulver: Milchpulver aus EG-Lagerbeständen sowie von einigen Molkereien, die Milch von Kühen verwenden, die mit Trockenfutter vom letzten Jahr (1985) ernährt wurden, ist nicht belastet.

Molke, Joghurt, Buttermilch, Frischkäse sind stärker belastet als Milch.

Butter, Sahne, Quark sind weniger belastet, da bei der Herstellung die Radioaktivität in der Molke bleibt.

Honig ist belastet.
Sojamilch ist nicht belastet, ist aber keine Alternative. Sie enthält wenig brauchbares Calcium.

Obst: Erdbeeren sind wenig belastet, da die Blüte erst nach der Tschernobyl-Wolke kam. Johannisbeeren und Kirschen sind belastet.

Rhabarber: ist nach Waschen und Schälen kaum belastet.

Wildfleisch ist das am stärksten belastete *Fleisch*, dann folgen *Schaf-* und *Ziegenfleisch.*

Schweinefleisch enthält weniger radioaktive Stoffe als *Rindfleisch.*

Fisch aus Süddeutschland ist stärker mit Caesium belastet als Fisch aus der Nordsee. Man rechnet auf lange Sicht gesehen mit einer starken Belastung der Ostseefische, da die Flüsse aus Rußland und dem Ostblock in die Ostsee münden. Zudem ist die Ostsee ein Gewässer ohne großen Wasseraustausch.

Eier sind wenig belastet. Strontium ist hauptsächlich in der Schale zu finden. 30 Promille des durch die Nahrung aufgenommenen Caesiums ist im Ei gefunden worden. Anfang Mai 1986 betrug der Jodanteil 10 % im Eidotter. Durch eine vorsichtige, vernünftige Lebensweise kann die Strahlenbelastung reduziert werden.

2.7 Ratschläge für Stillende

Stillen ist grundsätzlich durch nichts zu ersetzen. Natürlich sollte die stillende Mutter sich sehr bewußt ernähren. Je weniger radioaktiv belastete Nahrung sie zu sich nimmt, desto weniger gibt sie auch an das Kind weiter.

Säuglinge nehmen wegen ihres erhöhten Calciumbedarfs in den ersten beiden Lebensmonaten fast zwei Drittel des Strontiums aus der Nahrung auf.
Erwachsene aber nur 20–50 Prozent.
Die Strontiumaufnahme ist abhängig vom Verhältnis des Angebots von Strontium und Calcium.

Homöopathische Behandlung:
Mutter und Kind sollten unbedingt ***Calcium carbonicum*** D 1, 3 x täglich 1–2 Tabletten einnehmen. Für das Baby muß die Tablette zerstoßen und mit wenig Wasser oder Muttermilch aufgelöst werden.

Kalium jodatum D 3, 3 x 3 Globuli oder Tropfen können zusätzlich notwendig sein.

2.8 Jodtabletten

Jodtabletten, wie sie von der Regierung bei starker Radioaktivität empfohlen werden, sind nicht unbedenklich. Würde man mit der Verabreichung beginnen, bevor der Fallout da ist, dann wäre die Schilddrüse gesättigt und könnte kein weiteres Jod mehr aufnehmen.

Eine prophylaktische Jodaufnahme ist aber mit dem Problem der Schilddrüsenübersteuerung verbunden und kommt daher nicht in Frage. Eine zu starke Jodverabreichung nach dem Fallout führt oft zu Komplikationen.

Die homöopathischen Antidote bei einer Jodvergiftung sind:
Hepar sulfuris, Nitricum acidum, Kalium jodatum

Die Menschen in Bayern sind durch radioaktives Jod stärker gefährdet, da sie oft an Jodmangel leiden. Das gleiche gilt für Pflanzen und Tiere in Bayern. In Norddeutschland befindet sich, bedingt durch die Meeresnähe, mehr Jod in der Luft, im Boden und somit in Gemüse und Getreide.

Nahrungsmittel mit einem hohen Jodgehalt:
- Seefisch (250 g decken den Jodbedarf eines Erwachsenen für fünf Tage)
- Kresse
- Brunnenkresse
- Algen (als Suppe oder Würze)
- Jodiertes Speisesalz

Meersalz enthält nur geringfügig mehr Jod als Kochsalz, da ein guter Teil bei der Reinigung verlorengeht. 250 Mikrogramm Jod reichen aus, um den Tagesbedarf zu decken. Diese Menge ist in ca. 5 g jodiertem Speisesalz enthalten.

In der Schwangerschaft kann es leichter zu Jodmangelzuständen kommen. Deswegen gelten die Vorsichtsmaßnahmen im besonderen für diesen Personenkreis.

2.8.1 Die homöopathische Versorgung mit Jod

Bei einer Verstrahlung mit radioaktivem Jod empfehlen wir ***Kalium jodatum*** D3.

Die Dosierung richtet sich nach der allgemeinen radioaktiven Belastung und der speziellen Belastbarkeit des Individuums. Am besten überläßt man diese Entscheidung seinem behandelnden Homöopathen.

Zudem werden die Schilddrüsenzellen durch das homöopathische ***Jod*** „intelligenter“. Sie sind eher in der Lage, die Isotope auszutauschen.

2.9 Meersalzanwendung

Äußerlich:

- Baden in Meersalzwasser mit je 250 g Meersalz und Backpulver bei allen Arten von Strahlenbelastung, besonders bei negativen Erdstrahlen, bei Bedarf in kurzen Abständen wiederholen.

Innerlich:

- Meersalz zum Kochen benutzen (Schutz vor Strahlung durch Ionisation)
- Bei Übelkeit mit Erbrechen hilft Salzwasser, die radioaktiven Stoffe zu binden und auszuscheiden
- Bei Durchfall: Einlauf mit Salzwasser

2.10 Wasserhaushalt

Bei Strahlenbelastung ist es wichtig, genügend zu trinken, besonders warme Getränke, so daß die Ausscheidungsorgane ausreichend mit Flüssigkeit versorgt werden, um den erhöhten Belastungen gewachsen zu sein. Stimulierende Getränke wie Kaffee, Tee, Kamille, Baldrian, Jasmin u. a. sind nicht zu empfehlen. Pfefferminztee kann gelegentlich getrunken werden, sollte aber nicht zu stark sein.

2.11 Bewegung

Um eine optimale Nutzung der notwendigen Flüssigkeitsmengen zu gewährleisten, ist eine ausreichende körperliche Betätigung unbedingt erforderlich. Die Bewegung soll den Körper anstrengen, aber nicht überanstrengen. Besonders wenn die Belastung mit radioaktiven Bestandteilen noch hoch ist, ist körperliche Verausgabung geradezu schädlich.

2.12 Geistige Kräfte: Test zur Dekontaminierung von Milch

Man hört immer wieder von Berichten, nach denen es möglich sein soll, die Radioaktivität mit Hilfe geistiger Kräfte umzuwandeln. Wir gingen der Sache nach.

Etwa zwei Monate nach Tschernobyl machten wir einen Versuch mit Weizengras, um Milch zu dekontaminieren. Ein Liter Milch wurde in drei gleiche Teile aufgeteilt:

1. Der erste Teil diente zur Feststellung der Menge an Radioaktivität.
2. In den zweiten Teil hängten wir zehn Minuten lang ein daumendikkes Bündel von ca. 10 cm langem Weizengras.
3. Jetzt blieb der dritte Teil übrig. Wir entschlossen uns spontan, diese Gelegenheit zu nutzen, hielten die Hände 30–60 Sekunden segnend über die Milch und baten um Auflösung der Radioaktivität.

Die Messungen erbrachten folgende Ergebnisse:
Bei der Weizengrasmethode eine Senkung der Radioaktivitätswerte um etwa 5 Becquerel, bei der Segnung mit Gebet um 10 Becquerel.

Wir wiederholten diesen Versuch noch dreimal und erzielten immer dieselben Ergebnisse.

Theoretisch könnten Verfahren entwickelt werden, die es uns erlauben würden, Radioaktivität oder radioaktive Substanzen zu reduzieren oder ganz zu eliminieren. Nur existieren diese Verfahren momentan noch nicht, denn diejenigen, die um diese Methoden wissen, haben keine Möglichkeiten, sie bekanntzumachen.

Wenn man einen Einblick in diese Techniken nehmen würde, würde man weniger an der Kraft von Gebeten, der Kraft des Herzens und des Segens zweifeln. Aber die Voraussetzung für das erfolgreiche Wirken dieser Kräfte ist, aus tiefstem Herzen daran zu glauben.

2.13 Spirituosen

In Rußland gilt Alkohol, vor allem *Rotwein*, im Volk als ein gutes Mittel, um Radioaktivität zu antidotieren. Dazu ein Beispiel: In Tschernobyl arbeiteten zwei Frauen auf dem Reaktorgelände, als das Kraftwerk explodierte. Sie gingen nach Hause und betranken sich. Als der Mann einer der beiden Frauen von dem Reaktorunfall hörte, kam er aus einer weiter entfernten Stadt, um die Frauen in Sicherheit zu bringen. Notgedrungen mußte er sich einige Stunden in der Gefahrenzone aufhalten. Dies genügte, um seinen Körper zu kontaminieren. Die beiden Frauen sind bis heute gesund. Er selber aber starb fünf Jahre später an Krebs.

Wir haben die Beobachtung gemacht, daß Menschen, die in der Nähe eines Kernkraftwerkes leben und aufgrund von Wetterlage und Windrichtung zu einem Strahlenkater neigen, gerne und viel *Bier* trinken. Es scheint ihnen zu helfen, über die depressive Stimmung sowie andere Beschwerden hinwegzukommen und so möglicherweise einen gewissen Schutz aufzubauen.

Lesen Sie dazu bitte auch den Fallbericht mit der *Magnetischen Essenz* auf Seite 111.

3. Was kann die Homöopathie bewirken?

In erster Linie bewirken die homöopathischen Mittel eine Befreiung der Körperzellen von Krankmachendem. Dies setzt die körpereigene Intelligenz in Bewegung. Jede Zelle wird von dieser Energie durchflutet und ist nun in der Lage, ihre Funktion optimal zu erfüllen. Nur die Zelle, die in ihrer Funktion behindert ist, kann nicht unterscheiden zwischen radioaktiven Isotopen und stabilen Isotopen. Die intelligente Zelle scheidet die radioaktiven
Stoffe viel effizienter und schneller aus. Diese Zelle ist nicht nur kräftiger und fähiger bei der Ausscheidung, sie kann sich auch anders schützen.

Die gesunde Zelle baut sich eine schützende Umgebung auf, die wie ein Schwamm die radioaktive Strahlung absorbiert und die Zelle nicht zerstören läßt. Ungesunde Zellen sind entsprechend anfälliger und leicht zerstörbar. Durch die Homöopathie werden sie schneller eliminiert, so daß Platz für neue, gesunde Zellen entsteht.

Durch die frappierende Wirkung der Homöopathie ist anzunehmen, daß nach einer homöopathischen Schutzbehandlung vor Radioaktivität fast alle störanfälligen Zellen gestärkt werden. Da die Zellen gesünder werden, ist der Mensch viel belastbarer, und es treten im Verhältnis zum Ausmaß der Strahlenbelastung nur wenige oder leichte Symptome auf.

Aber in einem Fall, wo keine prophylaktischen Maßnahmen vorgenommen wurden, sieht es anders aus. Hier ist die Menge an ungesunden Zellen entsprechend größer (immer von Mensch zu Mensch verschieden), so daß die ungesunden Zellen erst durch einen Ausscheidungsprozeß beseitigt werden müssen. Die homöopathische Behandlung stärkt den Körper so weit, daß die gesunden Zellen sich schützen können, nicht so schnell strapaziert werden und sich schneller regenerieren. Dies sieht man nach außen hin an der Tatsache, daß – trotz starker Ausscheidungssymptome wie Hautausschlag, Durchfall, Schnupfen – ein allgemeines Wohlbefinden vorhanden ist.

Die Homöopathie beruht auf dem Heilprinzip „Similia similibus curantur", das von Samuel Hahnemann (1755–1843) entdeckt wurde. Da die Homöopathie unserer Meinung nach einer der wichtigsten Pfeiler im Kampf gegen die Strahlenbelastung ist, gehen wir zum besseren Verständnis der hier wirksamen Mechanismen nochmals kurz näher auf die homöopathische Heilmethode ein.

Die Homöopathie ist der Überzeugung, daß die Kräfte der Heilung in der Natur, also auch im Inneren des Menschen, liegen. Im Krankheitsfall ist die Energie blockiert, da jeder Mensch sich auf seine eigene Art und Weise blockiert. Wenn ein krankmachender Faktor auf viele Menschen einwirkt, dann reagiert jeder einzelne auf eine ihm gemäße Weise mit Symptomen, die von seiner Blockade abhängig sind. Jeder auslösende Faktor hat aber eine bestimmte Richtung von Zuständen und Symptomen, und jeder Mensch wird sich im Rahmen dieser Symptome und Zustände äußern.

Die homöopathische Behandlung der Ursachen, die durch eine bestimmte Substanz hervorgerufen werden, beruht auf den folgenden zwei Punkten:

1. Bei ein und demselben auslösenden Faktor können verschiedenste Mittel als Heilmittel wirken. Jedes Mittel entspricht einer Grundrichtung, einem bestimmten Grundmuster der Menschheit, demzufolge kann die Auswahl der Mittel nicht dem Zufall überlassen oder „ausprobiert" werden, sondern wird entsprechend den bekannten Mustern aus dem Schatz der Homöopathie vorgenommen und basiert auf den homöopathischen Ähnlichkeitsgesetzen. Die Ähnlichkeit des Musters eines Heilmittels ist abgestimmt auf das Muster der Krankheit.

2. Je intensiver der auslösende Faktor ist, um so ähnlicher reagieren alle Menschen darauf. Umgekehrt: Je schwächer der auslösende Faktor ist, desto individueller reagiert der Mensch. Wenn z. B. die Dosis von Radioaktivität sehr hoch ist, sind die Reaktionen nicht sehr unterschiedlich (Schock, Erbrechen, Fieber, Koma, Tod).

Bei einer niedrigen Dosis sind die Symptome so verschieden wie am Anfang der Broschüre beschrieben.

Bei einer genügend hohen Dosis an Radioaktivität werden nicht mehr als zwei oder drei Mittel in Frage kommen.

3.1 Die homöopathischen Schutzmöglichkeiten

Reaktorkatastrophen können überall vorkommen, wie uns die Katastrophe in Japan zeigt. In einem Land, wo scheinbar alles in Ordnung ist, denkt man, daß es vielleicht keinen dringenden Handlungsbedarf gäbe. Nichtsdestoweniger ist es ratsam, für den Ernstfall vorbereitet zu sein und sich zu schützen.

Gleich von Anfang an gab es und gibt es auch weiterhin enorme radioaktive Abstrahlungen von Kernkraftwerken. Dies kommt jedoch öffentlich nie zur Sprache. Aus politischen Gründen wird das Wissen über das Ausmaß dieser Emissionen der Öffentlichkeit vorenthalten. Daher können wir nie wirklich wissen, wann wir, ohne es zu wollen, erheblichen Mengen an radioaktiver Strahlung ausgesetzt sind. Einen Basisschutz vor radioaktiven Strahlen kann jeder Mensch auch neben einer laufenden homöopathischen Behandlung durchführen, *jedoch nicht in dem Zeitraum einer Verschlimmerung mit anschließender Erholungsphase, sonstigen Heilreaktionen und Verschlechterungen.* (Siehe Ravi Roy „Die Reaktionen".)

Der homöopathische Schutz vor Radioaktivität

- ***Radium bromatum*** ist das wichtigste Schutzmittel.
- Bei Schilddrüsenschwäche bevorzugen wir ***Radium jodatum***.
- Je nachdem, was zusätzlich aus dem Kernkraftwerk ausgestoßen wird, nehmen Sie ein zweites Mittel, wie z. B. ***Plutonium*** nach dem japanischen Reaktorunfall.

Potenz: Die C 1000-Potenz ist zu bevorzugen. Gesunde und kräftige Menschen können sogar mit der Potenz C 10.000 anfangen. Schwächere und Kränkliche sowie ganz kleine Kinder sollten mit C 200 anfangen, sehr schwer Erkrankte sogar mit C 30.

Dosierung: Jeweils abwechselnd einmal wöchentlich ***Radium bromatum*** und z. B. ***Plutonium*** zwei Globuli bzw. zwei Tropfen, über acht Wochen einnehmen, d. h. vier Gaben von jedem Mittel.

Eine Gabe ist eine einmalige Mittelverabreichung von drei Globuli oder Tropfen. Dieser Schutz kann einmal im Jahr wiederholt werden oder nach Bedarf häufiger.

Schwächere und Schwerkranke erhalten die Mittel alle zwei Wochen abwechselnd und insgesamt nur drei Gaben von jedem Mittel. Der Aufbau des Schutzes vor Radioaktivität verlängert sich dadurch auf drei Monate.

Danach besteht keine unmittelbare Gefahr mehr durch starke Radioaktivität. Die obigen Mittel werden nach einem Jahr wiederholt.

Im dritten Jahr wird die Potenz um einen Schritt erhöht, z. B. von C 200 auf 1000 oder von 10.000 auf 100.000.

Mit dieser Methode können Sie sich gegen die bereits schon existierende Radioaktivität immunisieren, die um ein Vielfaches höher ist als noch vor 60 Jahren. Dadurch sind Sie auch besser vorbereitet für Extremsituationen. Es ist inzwischen bekannt, daß Chlorophyll radioaktive Strahlung in Bio-Lebensenergie umwandeln kann. Menschen und Tiere haben diese Fähigkeit ebenso, nur wissen Menschen normalerweise nicht, wie sie ihren Körper darin schulen können, dies automatisch zu bewerkstelligen. Homöopathie ist eine Medizin, die in der Lage ist, den Körper auf dieses Ziel hin einzustimmen.

3.2 Das Oranur-Experiment von Wilhelm Reich

In der wissenschaftlichen Welt gab es zumindest einen berühmten Forscher, der Versuche zur Reduzierung radioaktiver Ladung durchgeführt hatte.

Im Jahre 1951 machte sich der Österreicher Wilhelm Reich ernsthaft daran, Versuche über die Wirkung von Orgon auf Radioaktivität durchzuführen. Orgon ist der Name, den Reich der Lebensenergie gegeben hatte, die in verschiedenen Ländern mit den unterschiedlichsten Namen bezeichnet wird – Prana oder Chi.

Reich schenkte der Welt auch das Wissen um die Möglichkeit, das Wetter zu manipulieren, was zu einem Fluch für die gesamte Menschheit geworden ist. Dieses Wissen boten die Russen nach der Reaktorkatastrophe in Fukushima den Japanern an, damit diese die radioaktiven Wolken auf den Ozean hinauslenken konnten. Die Russen selbst hatten nach der Katastrophe in Tschernobyl dieses Wissen bereits benutzt, so daß die radioaktiv belasteten Wolken in andere Orte oder Länder gelenkt wurden, wo sie sich dann abregneten, und Städte wie Moskau verschont blieben.

Der weniger bekannte Begriff „Oranur" ist entstanden durch: **OR**gone **A**gainst **NU**clear **R**adiation (Orgon gegen Kernstrahlung). Die Lebensenergie oder Orgon umfaßt die gesamte Welt. Diese metaphysische Gegebenheit wurde in den 30er Jahren von Reich nachgewiesen. Das Experiment bestand darin, eine sehr kleine Menge Radium in einen Orgonakkumulator zu legen, der sich in einem geschützten Raum befand. Das Radium wurde täglich für die Dauer von einer Stunde im Akkumulator belassen. Erstaunlicherweise konnte bereits nach kurzer Zeit erhöhte Radioaktivität im Raum gemessen werden, was physikalisch nicht möglich ist. Am siebten Tag sahen Beobachter, die mehr als 100 m vom Versuchsraum entfernt waren, plötzlich eine bläulich-violett vibrierende Wolke aus dem Raum emporsteigen. Als sie jedoch näher an den Versuchsraum kamen, fühlten sie sich krank mit extremer Übelkeit und Schwäche. Das Radium wurde sofort aus dem Orgonakkumulator entfernt und das Experiment abgebrochen.

Aber das war nicht das Ende. Noch monatelang danach konnte erhöhte Radioaktivität im Raum festgestellt werden, und bei jedem, der sich in dem Raum aufhielt, stellten sich wieder die gleichen Vergiftungssymptome ein. Drei Wochen nach dem Experiment konnte in einem Umkreis von 1000 Kilometern eine erhöhte Radioaktivität festgestellt werden, die weit über das normale Maß hinausging.

Viel später erkrankten die Experimentatoren an der Strahlenkrankheit. Darüber hinaus flammten ihre früheren Krankheiten, die über einen längeren Zeitraum nicht aktiv gewesen waren, wie z. B. Herzbeschwerden, in regelmäßigen Intervallen wieder auf.

Da die klassische Physik hierfür keine Erklärung hat, suchte Reich anderweitig nach einer plausiblen Erklärung. Er gelangte zu dem Schluß, daß unkontrollierte Radioaktivität die Hülle an Lebensenergie um die Erde durcheinanderbringt und teilweise in zerstörerische Energie umwandelt. Er bezeichnete diese Energie mit „Killer-Energie“ oder **DOR** (**D**eadly **OR**gone Energy – tödliche Orgon-Energie).

Diese Beobachtung hat für die Menschheit weitreichende Folgen: Es bedeutet, daß unabhängig davon, wo auch immer eine atomare Katastrophe stattfindet, die ganze Welt unmittelbar davon betroffen ist. In den 80er Jahren durchgeführte Untersuchungen in Amerika haben

Reichs Schlußfolgerung untermauert. Diese Studien wurden durchgeführt, um die Auswirkungen von Atombombentests zu untersuchen.

Eine sehr überzeugende Studie wurde in einer Schule durchgeführt. Einer der Lehrer führte exakte Aufzeichnungen darüber, die ein bestimmtes Muster zeigten. Damals wurden im Zwei-Wochen-Rhythmus Atombombentests in den USA und Rußland durchgeführt. Die Betroffenen spürten die Auswirkungen in der ersten Woche stärker, in der anderen Woche schwächer. Vom ersten Tag bis zum sechsten Tag nach den Atombombentests in Nevada war die Lebhaftigkeit der Kinder auf ein Minimum reduziert. Sie waren dann entweder müde, nervös oder weinerlich. Viel wichtiger war jedoch, daß es in dieser Phase eine unnatürlich hohe Häufigkeit von Infektionskrankheiten gab mit Halsschmerzen, Schnupfen und Magenschmerzen sowie Bindehautentzündung (Konjunktivitis) und ansteckenden Kinderkrankheiten, ganz besonders Windpocken. Der Lehrer befragte daraufhin die Erwachsenen nach ihren Erfahrungen und auch diese berichteten über ein erhöhtes Auftreten von Erkältungen, Kopfschmerzen usw.

Nach den Tests in Rußland tauchten dort auch einige Symptome auf, aber nur in einem geringeren Ausmaß. *Daher sollte man sehr vorsichtig damit sein, nach mysteriösen Viren zu suchen, wenn der eigentliche Urheber radioaktive Strahlung ist.* In seinem Buch „View from Eden“, erschienen 1976, zeigt Jerome Eden das gleichzeitige Auftreten von Naturkatastrophen, Atombombentests und Krankheiten.

Im Endergebnis bewirkte das Oranur-Experiment bei den Experimentatoren, daß diese nach einiger Zeit anscheinend immun gegen Radioaktivität geworden waren. Höhere radioaktive Strahlung zeigte bei ihnen keine Auswirkungen mehr. Wilhelm Reich soll noch viel mehr Experimente mit dem Ziel gemacht haben, die radioaktive Ladung zu reduzieren, und soll damit auch Erfolg gehabt haben. Aber diese Experimente sind hinter einem mysteriösen Schleier verborgen worden. Eine wichtige Beobachtung von Reich war: Im selben Ort wurde die Radioaktivität in dem Maße reduziert oder angehoben, wie die Menschen sich ihr gegenüber einstellten.

3.3 Homöopathische Behandlung

Hinweise für Patienten, die sich in konstitutioneller Behandlung befinden:

Während der akuten Phase, die ca. 6–10 Wochen dauern kann, wird die laufende homöopathische antimiasmatische Behandlung unterbrochen. In dieser Zeit stehen die „Strahlungsmittel" im Vordergrund. Ein Teil der Patienten wird auch nach Ablauf dieser Phase neben der laufenden Behandlung noch für längere Zeit mit homöopathischen Strahlungsmitteln versorgt werden müssen.

Nach Tschernobyl und Fukushima sollten grundsätzlich die Radioaktivitätsmittel bei allen Patienten vermehrt in Betracht gezogen werden.

Bei der homöopathischen Behandlung der Radioaktivität ist zu unterscheiden zwischen den Symptomen, die sofort nach der Strahleneinwirkung auftreten, und denen, die erst Wochen bis Monate später in Erscheinung treten.

In den ersten Tagen der Strahlenbelastung ist in erster Linie ***Radium bromatum*** das Mittel der Wahl.

Bei der Behandlung mit ***Radium*** müssen die folgenden Punkte unbedingt beachtet werden:

- Schwangere, Säuglinge, Kinder und Frauen brauchen eher Wiederholungsgaben. Das Mittel sollte, auch wenn nur milde Symptome vorliegen, anfänglich alle 3–7 Tage wiederholt werden.
- Die Häufigkeit der Gaben hängt von der Intensität der Symptome ab, so daß in einem sehr akuten Zustand eine Gabe ***Radium bromatum XM*** (C 10.000) alle 2– 4 Stunden wiederholt werden kann, in schwereren Fällen sogar noch öfter.
- Die Wiederholung richtet sich danach, wie lange die Besserung anhält.
- Als Grundregel gilt: Im Zweifelsfall nicht wiederholen!

Andere ***Radium-Salze***, z. B. ***Radium jodatum***, können ebenfalls verwendet werden, da die Grundsubstanz ***Radium*** ist, und das ist entscheidend, wenn die Strahlung hoch ist. ***Radium bromatum*** ist das am umfangreichsten erforschte Mittel.

In folgenden Fällen ist auf keinen Fall zu wiederholen:

1. Bei einer „homöopathischen Verschlimmerung"

Eine homöopathische Verschlimmerung zeigt sich als eine Intensivierung der Symptome, eine scheinbare Verschlechterung des Falls nach der Ersteinnahme oder erst nach der Einnahme von mehreren Gaben, wo anfangs bereits eine Besserung stattgefunden hatte. Aber diese Verschlimmerung ist nur eine scheinbare, weil sich der Allgemeinzustand stabilisiert und sich ein gewisses Wohlbefinden einstellt, wie z.B. wenn sich jemand in kurzer Zeit häufig übergeben muß, dabei aber wohlfühlt. Dies ist eine Heilreaktion und darf unter keinen Umständen unterbrochen werden. Solange das Gefühl von Wohlbefinden anhält und Symptome weiter abklingen, wird kein homöopathisches Mittel mehr gegeben. Es führt in aller Regel zur Heilung des Patienten. Manchmal kehren Symptome zurück, wobei das selbe Mittel oder auch andere Mittel angezeigt sein können.

Wenn aber diese Symptome leicht sind und mit den allgemeinen Maßnahmen von alleine verschwinden, wird das Mittel nicht wiederholt. Nur wenn sie weiter bestehen und der Patient sich schlechter fühlt, ziehen wir die Verordnung des dann angezeigten Mittels in Betracht.

2. Nach einer „positiven Reaktion"

Eine positive Reaktion findet entweder unmittelbar nach der Mitteleinnahme statt, und der Mensch fühlt sich in diesem Fall auf dem Weg der Heilung oder ist sogar geheilt. Oder es handelt sich um eine später einsetzende, deutliche, kontinuierliche Verbesserung, auch wenn diese nur sehr langsam voranschreitet. In diesen Fällen darf das

Mittel grundsätzlich nicht wiederholt werden. Siehe Fall 1, Seite 88. Das Baby kam gesund zur Welt und auch nach 30 Jahren konnte keine Beeinträchtigung festgestellt werden.

Weitere Einzelheiten zu den Heilreaktionen sind in dem Buch „Die Reaktionen“ von Ravi Roy zu finden.

Das folgende ausführliche Symptomenbild, in das wir alle unsere Erfahrungen eingearbeitet haben, wird Ihnen helfen, das Mittel ***Radium bromatum*** zu erkennen. Wenn der akute Zustand in den chronischen übergeht, werden die radioaktiven Mittel oft in in bestimmten Abständen benötigt.

Die akuten Strahlensymptome, welche sich auch erst später in Intervallen bei manchen Personen zeigen können, sind ab S. 38 beschrieben.

3.3.1 Radium bromatum – das Arzneimittelbild

Keynote: Es brennt und will nicht heilen – Höllenqualen

Es ist das am umfangreichsten erforschte Mittel. Ebenso wie bei der Zubereitung der anderen Imponderabilien (= die Unfaßbaren) wird dabei Alkohol mit der radioaktiven Substanz bestrahlt und dann entsprechend der homöopathischen Herstellungsmethode potenziert.

Legt man Radium auf Papier, verbrennt dieses sofort. An der Luft wird es schwarz, im Wasser oxidiert es stürmisch, an Eisen klebt es fest.

Technisch aus Uranpecherz gewonnen, ist das Metall in der Natur überall gegenwärtig und zugleich selten. In Spuren kommt es fast in allen Gesteinsarten, im Meer und in den Seen vor. Doch auf der ganzen Welt gibt es davon nur etwa 760 Gramm. Es vermag Krebs auszulösen, aber in homöopathischen Dosierungen auch zu heilen, soweit es angezeigt ist.

Geist: Depressionen mit Schwere, fehlende Aktivität, kann sich kaum bewegen. Angst, alleine zu sein, im Dunkeln; möchte jemanden in der Nähe haben. Reizbarkeit, übelgelaunt, leicht gereizt, besonders bei Kindern; Kopf benebelt, kann nicht richtig denken, Gefühl eines Brettes vorm Kopf mit dumpfem Schmerz in der Stirn.

Sensorium: Schwindel mit Schmerzen am Scheitel. Besser durch Schlaf. Hinfallen nach dem Aufstehen.
Besser: mittags und nach dem Essen, im Liegen, draußen.

Kopf: Kopfschmerzen über den Augen, erstrecken sich nach oben oder bis zum Hinterkopf.
Besser: durch Druck und frische Luft, besonders bei dumpfen Schmerzen. Dabei konfus, kann nicht denken, als sei der Schädel zu klein.

Augen: Verschiedene hochentzündliche Prozesse der Bindehaut, die Gefäße sind blutunterlaufen. Gefühl wie von einem Sandkorn.
Absonderung eher flüssig, bildet gelbe Krusten.
Gefühl, als ob die Augen bersten und aus den Höhlen herausfallen.
Schlechter durch Lesen und künstliches Licht.
Besser durch frische Luft und Schließen der Augen.

Ohren: Scharf stechender Schmerz über rechtem Ohr. Kitzel in den Ohren, sehr heftig in der Nacht.

Nase: Prickeln und ein Gefühl von Pfeffer in der Nase, kann mit harten Krusten auftreten, Brennen in der Nase, Katarrh mit grüner Absonderung, Trockenheit und Jucken in der Nase.

Gesicht: Erhitztes Gesicht, fleckenartiges diffuses Erythem, besonders auf der Stirn; kleine Papeln in der Mitte der Wange (links), heilen ab und kommen wieder, aufgekratzte Papeln bilden dicke Krusten.
Gesichtshaut sehr gereizt, verdickt sich und platzt auf. Klare Absonde-

rung. > Kratzen, Waschen mit heißem Wasser, < Waschen, Rasieren, Warmwerden im Bett.

(Das Zeichen „>“ bedeutet besser durch; „< “ bedeutet schlimmer durch.)

Eine Anzahl kleiner Pickel auf Stirn und Brust. Erhaben und rot, enthalten Serum, Blut und etwas Eiter.

Wichtiges Mittel bei Facialisneuralgie, Schmerzen heftig und sehr plötzlich, blitzartig; der Patienten schreit auf.

Mund: Trockenheit morgens, Atem scheint heiß zu sein, ausgetrocknetes Gefühl am Gaumen, kaltes Wasser lindert nur kurz.

Starker Speichelfluß. Zucken und brennendes Gefühl auf den Lippen.

Zunge sehr wund, rechts mehr zur Mitte hin, bläulich weiß und dick, geschwollenes Gefühl, schwere Zunge und erschwertes Sprechen.

Geschmack: Metallisch, säuerlich-bitter, nach Kalk, mit Speichelfluß, bitter und ölig, gänzlicher Geschmacksverlust.

Zähne: Tun weh, Gefühl, als ob sie verlängert seien.

Zahnfleischabszeß im rechten hinteren Unterkiefer, die Schwellung und Wundheit verhindern das Sprechen.

Hals: Halsschmerzen mit Ohrenschmerzen, trockener Hals, kitzelnder Husten folgt den Halsschmerzen; trockener, rauher Hals, > Schlucken, besonders Wasser; Hals kongestioniert, als ob man zuviel geraucht hätte, Kloßgefühl. Gefühl im Hals wie von Pfeffer.

Magen + Appetit: Leeregefühl vor den Mahlzeiten, Leeregefühl mit Wärme, > Essen. Appetitlos, großer Hunger eine Stunde vor den Mahlzeiten, schnelle Sättigung. Übelkeit im Bauch vor den Mahlzeiten, > Essen. Schmerzen und Unbehagen im Magen, > viel Aufstoßen. Appetit gut, aber Verdauung langsam.

Verliert nach und nach den Geschmack an seinen Leibgerichten. Im akuten Fall hat er keinen Appetit mehr, auch nicht mehr auf das schmackhafteste Essen. Appetitlosigkeit bei Koliken.

Abneigung gegen Fleisch, Eiscreme, Süßigkeiten und Tabak.
Saures schmeckt gut.

Bauch: Nabelentzündung, starke Schmerzen über dem Schambein, leichte krampfhafte Schmerzen mit Abgang von faul riechenden Blähungen, krampfartige Schmerzen, > Zusammenkrümmen oder Stuhlgang. Sie können auch beim Essen auftreten.
Plötzlich scharfe Schmerzen am Mc Burney Punkt, rechts schräg unterhalb des Nabels. Lahmheit in beiden Leisten nach dem Sitzen bei der ersten Bewegung, leicht juckende rote Flecken.

Stuhl: Verstopfung und Durchfall, fast wäßrig, bei weichem Stuhl viel Blähungen, starke Kreuzschmerzen bei Blähungen, > Stuhlgang, weiche gelbe Stühle alternieren mit harten, braunen Stühlen; faul riechender Flatus; sehr großer, dunkelbrauner Stuhl, sehr übelriechend. Jahrelange Obstipation. Es hilft nicht einmal ein Einlauf.
Stuhldrang beim Mittagessen. Ekzem am After.
Harnorgane: Muß einige Minuten warten, bis der Harn fließt, vermehrte Ausscheidung von Salzen, besonders von Chloriden.
Albuminurie, Nephritis chronica. Leicht brennender Urin.

Geschlechtsorgane:
Männer: Psoriasis mit runden oder ringförmigen Rändern, Ekzem auf der Innenseite der Vorhaut, kein oder verstärktes sexuelles Verlangen, Phimose.
Frauen: Wehtun über dem Schambein beim Eintritt der Menses, dunkelrotes Blut, sehr reichlich in der Nacht, Periode verspätet, während der Menses herunterziehende Schmerzen im Rücken.

Atemwege:
Gefühl, nicht genügend Luft zu bekommen. Sehr starkes Kitzeln in der Halsgrube. Sobald der Patient einmal angefangen hat, kann er nicht aufhören zu husten.

Mag nichts Süßes bei Erkältungen.
Trockener, krampfhafter Husten, < Rauchen, < im Raum, < draußen, > Essen. Kitzeln wie von einem Fremdkörper in der Luftröhre oder durch Husten wie Staub in den Bronchien.

Brust: Schmerzen in der Brust abwechselnd mit Magenverstimmung und Auftreibung, scharfe Schmerzen in der Herzgegend, > Gehen. Herzklopfen nach lebhaftem Traum mit Rauschen wie von Wasser im Ohr.
Zusammenschnürung ums Herz mit Angst und Lufthunger, > frische Luft (Endarteriitis, Atherom, Arteriosklerose).

Rücken: Jucken am Nacken und oberen Armen. Lahmheit vom Sternomastoid. Steifheit der Muskeln der linken Nackenseite, abends.
Beim Aufwachen Schmerzen am 6.+7. Halswirbel, > Bewegung.
Dumpfer Schmerz im Lumbo-Sakral-Bereich, > Anstrengung.
Weher Schmerz im Lumbo-Sakral-Bereich, > heißes Bad.
Dumpfer Schmerz in der Sakralregion bis zur Schulter oder zwischen den Schulterblättern, > Anstrengung.
Kreuzschmerz mit Blähungen, > Stuhlgang, schmerzhafte Schwellung über dem Kreuz, > auf etwas Hartem liegen.
Rückenschmerzen strahlen durch den Bauch zum Beckenkamm.
Schwellungsgefühl im Nacken.
Schmerzen unter dem linken Schulterblatt, < Bewegung, < Schultern nach hinten beugen, > nach dem Aufstehen.
Scharfer, stechender Schmerz unter linkem Schulterblatt bis zur Brust, Atem bleibt stecken.

Extremitäten:
Schmerzen in den Gliedern und im ganzen Körper nachts; wacht um 4.00 Uhr mit Gliederschmerzen auf, kann nicht ruhig bleiben, > nach heißem Bad.
Schmerzen in allen Gelenken, besonders Knie- und Fußgelenken, muß sich hinlegen, die Füße verweigern ihren Dienst.

Obere Glieder: Scharfer Schmerz im rechten Schultergelenk, > Hitze, < Bewegung. Lahmheit im rechten Arm bis zur Hand, > Anstrengung und Wärme. Scharfe Stiche oder Verstauchung im linken Schultergelenk wie lahm, > Bewegung, Anstrengung.
Scharfe Schmerzen in Fingergelenken, > Anstrengung.
Untere Glieder: Rechtes Hüftgelenk unbeweglich, > Gehen für eine Weile.
Lahmheit in der Leistengegend nach dem Sitzen.
Dumpfer Schmerz im rechten Kniegelenk, < Bewegung, > nach anhaltender Bewegung. Knieschmerzen strahlen in Unterschenkel aus, > nach Anstrengung. Sehr heftige und tiefsitzende Schmerzen sind besser durch Kälte und Anstrengung.
Dumpfer Schmerz in den Beinen und Rücken erstreckt sich zur Schulter. Dumpfer, müder Schmerz in den Kniekehlen.
Wundheit im Bein, Gefühl, die Knochen würden rausstechen.
Beim Überkreuzen der Beine schlafen sie ein; Schwere in den Beinen, Treppensteigen schwierig.
Schmerzen unter linker Kniescheibe, > wenn Fuß ruhig gehalten wird, < Bewegung. Beim Aufstehen vom Sitzen Fußknöchel und Füße lahm und steif, Patient kann kaum stehen oder gehen. Rechte Achillessehne wund beim Treppensteigen; scharfe Schmerzen im großen Zeh, < Bewegung, > anhaltende Bewegung.

Haut: Naevi (rote Hautmale); Ekzem, fleckenartiges Erythem; Pickel, Akne, Jucken überall nachts. Ekzematöse Dermatitiden der Hände, die durch Radium- und Röntgenstrahlung verursacht waren, verschwanden durch die Prüfung. Jucken mit Brennen, > heißes Baden.

Schlaf: Unwiderstehliche Müdigkeit und Schläfrigkeit. Matt und müde den ganzen Tag. Schläft gut, wacht müde auf mit Verlangen, sich zu strecken. Unruhig vom Träumen, wacht verschreckt auf. Unruhig die ganze Nacht, bewegt sich andauernd im Bett.

Träume: Von Wasserlassen; Feuer; Selbstmord; geschäftige, furchterregende, aktive Träume mit Herzklopfen.

Fieber: Starkes und langes Frieren. Inneres Frieren, dann Hitze ohne Schweiß. Inneres Frieren mit Durchfall.

Allgemein: Starkes Krankheitsgefühl, sieht auch kränklich aus, keine Kraft. Schmerzen überall. Patient ist sehr unruhig, muß sich ständig bewegen. Besserung draußen.
Der ganze Körper fühlt sich an, als ob Feuer in ihm brennt, mit den schärfsten Nadelstichen oder elektrischen Schocks attackiert; Juckreiz überall. Elektrischer Schock durchfährt den Körper im Schlaf.

Allgemeine Modalitäten:
Besser durch: Bewegung, frische Luft, Hinlegen, Schlaf, Druck
Schlechter durch: Bettwärme, Waschen, Rauchen,
< nachts, $2.^{00}$, $4.^{00}$, $7.^{00}$, $11.^{00}$, mittags $12.^{00}$ Uhr.

Verwandtschaften:
Es wird antidotiert von ***Rhus tox***, ***Nux moschata*** (beide haben einen trockenen Mund) und ***Rhus venenata***.

J.H. Clarke empfiehlt ***Rhus venenata*** D3 als Zwischenmittel, welches die heilende Wirkung von ***Radium bromatum*** nicht stört und unangenehme Verschlimmerungen abwendet.

Es ähnelt: ***Tellurium***, ***Uranium*** sowie
Conium, ***Condurango*** und ***Hydrastis***
Folgemittel: ***Kalium jodatum, Sepia*** und ***Calcium***
Es antidotiert: ***Belladonna*** und die Folgen von ***Röntgenstrahlen***

Radium bromatum kann folgende Krankheiten auslösen und heilen:

Akne, Albuminurie, Appendizitis, Arteriitis, Arthritis, Atherom, Augenerkrankungen, Blutungen, Dermatitis, Diarrhoe, Ekzem, Epistaxis, Epitheliom, Erythem, Geschwüre, Gicht, Harnröhrenkarbunkel, Hauterkrankungen, Hitzewallungen, klimakterische Hornhautblutung, Hühneraugen, Karzinose, Knochenerkrankungen, Kopfschmerzen, Krebs, Lumbago, Lupus, Naevus, Nasenerkrankungen mit Rötung, Neuralgie, Neurasthenie, Ophthalmie, Phimose, Prurigo, Pruritus ani et vulvae, Psoriasis, Rheumatismus, Röntgendermatitis, Schnupfen, Skleritis, Tic douloureux, Trachom, Ulcus duodenum, Ulcus rodens, Warzen.

Bei Krebs, besonders Haut- und Muttermundkrebs, ist ***Radium*** sehr wichtig. ***Radium*** hat alles vom allgemeinen Zustand von Krebs. Wenn es gut paßt, zeigt sich eine schnelle und sichere Wirkung.

Es ist besonders zu empfehlen, wenn viele Bestrahlungen gemacht worden sind und antidotiert auch die Folgen von Röntgenstrahlen, besonders auf der Haut.

Klinische Merkmale:

Haut: Wunden heilen lange nicht, hinterlassen wulstige Narben.
Lupus, Epithelioma, Krebs des Muttermundes.
Hautausschlag wie bei Masern, Ausschlag an den Genitalien und Beininnenseiten, hindert am Schlaf, nässend. Augentränen

Hände: Ekzeme, Risse, warzenartige Gewächse.

Juckreiz: < Bettwärme,
> sehr heißes Wasser, Kratzen angenehm, aber Brennen und Absonderung werden verstärkt.

Stuhl: Sehr übelriechend, weich, schieferfarben, um 12.^{00} Uhr und beim Mittagessen.

Rheuma: Wanderndes Rheuma,
> aktive Bewegung, wacht um 4.^{00} Uhr vor Schmerzen auf.

Quellen: [23) 25)]

Fallberichte mit Radium bromatum

Nach Tschernobyl berichteten Hunderte von den wohltuenden Wirkungen der Homöopathie, speziell der Wirkung von ***Radium bromatum***.

1. Fall:
Strahlenkrankheit bei einer schwangeren Frau

„Es war wenige Tage nach Tschernobyl. Ich war im 4. Monat schwanger. Anläßlich eines Saunaabends unterhielten wir uns angeregt über die möglichen Auswirkungen des radioaktiven Fallouts bei uns in Oberbayern. Wir waren alle sehr betroffen, konnten das Geschehen in seiner Tragweite überhaupt noch nicht begreifen und fühlten uns ihm hilflos ausgesetzt. Nach dem Saunieren gingen wir alle – wie üblich – in den nahe gelegenen See, um uns abzukühlen. Niemand kam auf die Idee, daß der See kontaminiert sei und wir uns durch das Baden in direkte Gefahr begeben würden. Ich zog mir zusätzlich an dem Abend eine tiefe Schnittwunde durch eine Muschel zu. Barfuß mit der offenen Wunde lief ich durch das kontaminierte Gras und legte, wie um die Anreicherung mit Radioaktivität auf die Spitze zu treiben, ein frisches, zerquetschtes Spitzwegerichblatt auf die offene Wunde zur Blutstillung. Die Blutung hörte damit auch sofort auf. Ich fühlte mich nach der Sauna erfrischt und kam nicht auf die Idee, daß mir die Radioaktivität irgendetwas antun könnte.

Am nächsten Morgen wachte ich wie zerschlagen auf. Meine Augenlider und Glieder fühlten sich wie Blei an. Trotz größter Anstrengungen gelang es mir nicht, das Bett zu verlassen. Ich hatte das Gefühl, einen Hammerschlag auf den Kopf erhalten zu haben. Ich konnte nicht einmal mit dem Oberkörper hochkommen, an Trinken oder Essen war nicht zu denken. Die kleinste Bewegung – auch Sprechen – strengte mich an, so dämmerte ich stundenlang vor mich hin. Ich konnte mir überhaupt nicht vorstellen, wie ich jemals wieder aus dieser Schwäche kommen sollte, und in meinem halbbewußten Zustand drang der Gedanke in mein Gehirn, daß ich sicher unter den Folgen des doch nicht unerheblichen Blutverlustes litt. Wegen der Verletzung nahm ich

Arnica, wegen der Schnittwunde Staphisagria und aufgrund der Schwäche durch Säfteverlust um 9.00 Uhr ***China****. Nachdem die erwartete Besserung bis 14.00 Uhr nicht einsetzte, mußte ich einsehen, daß ich mich geirrt hatte, denn das richtige Mittel hilft ja sofort.*

So ganz wollte ich es immer noch nicht wahrhaben, aber ich war nun immerhin bereit, wenigstens mal ein Kügelchen ***Radium bromatum*** *C 10.000 einzunehmen. Das Erlebnis war unglaublich! Nachdem ich mich wie tot gefühlt hatte, konnte ich nach genau zehnMinuten das Bett verlassen. Sämtliche Symptome waren verschwunden, und ich konnte wieder klar denken. Es wurde mir bewußt, daß ich an einer akuten Strahlenvergiftung gelitten hatte. Ich hatte die drohende Gefahr durch Radioaktivität maßlos unterschätzt und mich und mein Baby leichtsinnig in absolute Gefahr begeben. Weder mein Kind noch ich trugen irgendwelche bleibenden Strahlenschädigungen davon.*

Für jemanden, der die Wirkungen der homöopathischen Mittel noch nicht an sich selbst erlebt hat, mag das unglaublich erscheinen. Kenner der Homöopathie werden aber ähnliche Erfahrungen gemacht haben."

Erfahrung: Radium brom. schützt Kinder vor Mißbildungen

Nach Tschernobyl traten bei den Kindern, die in der Schwangerschaft (besonders im ersten Teil) der radioaktiven Belastung ausgesetzt waren, vermehrt Mißbildungen auf. Eine Kinderärztin aus Südtirol, die in einem Spital arbeitet, berichtete uns anläßlich einer öffentlichen Diskussion über die auffällige Zunahme von Mißbildungen in der Zeit nach Tschernobyl. Von deutschen Eltern mit herzkranken Kindern hörten wir von einer deutlichen Zunahme von angeborenen Herzfehlern bei Kindern, die alle in der Zeit nach Tschernobyl geboren waren.

Wir konnten beobachten, daß keine der Frauen, die sich und damit auch den Embryo in der Schwangerschaft homöopathisch mit ***Radium bromatum*** geschützt hatten, ein Kind mit Mißbildungen oder anderen funktionellen Störungen, die im Zusammenhang mit Radioaktivität hätten stehen können, zur Welt brachte.

2. Fall:
Panik, Hautausschlag und schweres Krankheitsgefühl

„Am Samstag, den 26.4.1986 war Tschernobyl. Am Sonntag, den 27.4.1986 wurde mir gegen 17.00 Uhr sehr übel und elend. Ich fühlte mich ‚schwer krank', obwohl es keinen Grund gab. Dazu kam eine psychische Panik, der ich hilflos gegenüberstand, denn ich hatte keine Ahnung, woher und warum.

Ich nahm ***Rescue Remedy*** *und nach einer Weile großer Übelkeit* ***Baldriantropfen****. Nach einigen Stunden, so gegen 22.00 Uhr, besserte sich mein Zustand. Ich meinte nun, es müsse wohl doch eine leichte Lebensmittelvergiftung gewesen sein, jedoch hatte mein Mann gar keine Beschwerden.*

Am Montag bekam ich einen Hautausschlag auf dem ganzen Bauch. Mit einer Freundin habe ich noch darüber gescherzt, über diese ‚Masern'. Die Übelkeit kam in Wellen wieder den ganzen Montag und Dienstag. Der Hautausschlag war nach 24 Stunden verschwunden. Später setzten diese merkwürdigen ‚vorderen' Halsschmerzen ein, die ich noch nie in meinem Leben gehabt hatte.

Am Freitag telefonierten wir mit Roys, und eine Woche später hatten wir das Mittel ***Radium bromatum*** *C 1000 in Berlin. Wir nahmen es am Samstagabend. Die seelische Spannung war sehr groß, und wir waren froh, das Mittel zu haben. Ich löste es auf der Zunge auf, und sofort ging es los:*

Das erste war, daß ich das Gefühl hatte, meine Schädeldecke fliege ab nach oben. Alles wurde größer in meinem Körper. Die Zeit hörte auf. Die körperlichen Empfindungen veränderten sich ähnlich wie bei Lysergsäure (LSD). Wir merkten, daß wir einen ‚Hammer' genommen hatten. Wir waren für ca. zwei Stunden gezwungen, bei einer Freundin zu bleiben, was wir eigentlich nicht vorgehabt hatten, weil wir nicht verkehrstüchtig waren. Es war jedoch nicht beängstigend, nur stark. Nach einer Stunde aßen wir dann Brote, und mein Mann meinte, das Wurstbrot hätte ihm das Leben gerettet. Essen hält ja tatsächlich Leib und Seele zusammen.

Das Mittel hielt mich mit eiserner Faust

Wir fuhren dann nach Hause, und im Auto hatte ich das Gefühl, daß in meinem Körper eine riesige Kraft aufsteht, sich die Zerstörungen betrachtet und den Körper ganz energisch zu Ruhe, Besonnenheit und Aufräumarbeiten auffordert. Es ging auch gleich los, erst in einem Halswirbel, dann in der Schädeldecke; diese psychische Anspannung ließ einfach nach.

Am Sonntag hatte ich kurzfristig Todesangst. Ich legte mich auf mein Bett und war mir sicher, daß ich nun sterbe. Mein Verstand hielt das zwar für ausgemachten Unsinn, mein Körper dagegen nicht. Dann merkte ich, wie die Todesangst und Panik, die meine Zellen erfaßt hatten, aus meinem Körper auszogen.

Am Montag gab es noch einmal einen sehr kritischen Moment. Ich dachte: ‚O Gott, was habe ich da genommen?' Ich hatte das Gefühl, daß der Wahnsinn, der durch die große Panik in meinen Zellen entstanden war, ausbrechen wollte, und gleichzeitig merkte ich, wie die Kraft des Mittels mit eiserner Faust dies nicht zuließ. Ich stand sozusagen als Zeuge dabei, wurde weder gefragt noch konnte ich dazu etwas tun. Dies war sehr unangenehm und dauerte wohl gut eine halbe Stunde.

Am Mittwoch verließen mich die Halsschmerzen, um aber leider wiederzukommen. So nahmen wir nach einer Woche noch einmal ein Globulus. Diesmal war die Bewußtseinsveränderung gering und nur kurz. Wieder gingen nach ein, zwei Tagen diese Halsschmerzen weg und wieder kamen sie zurück. Auch nach der dritten Einnahme.
(Anmerkung: Das Mittel für die Halsschmerzen wäre ***Kalium jodatum*** gewesen.)

Die Angst vor Krebs ist geblieben

Es geht mir jetzt in der dritten Woche wesentlich besser als in der zweiten. Vieles scheint wieder in Ordnung gekommen zu sein. Trotzdem ist irgendwo eine große Angst geblieben. Für mich war es der Weltuntergang und was jetzt ist, ist nur eine Zugabe aus Gründen, die ich nicht kenne. Aber eigentlich ist alles vorbei. Und dabei steht neben mir eine große Tonschale, und die ersten Saatpflänzchen sprießen."

Von Irene Wagner, Berlin [26)]

3. Fall: Wesentliche Wirkungen auf das Sensorium

„Drei Tage nach der größten Luftbestrahlung in Berlin bekam ich einen Ausschlag auf beiden Unterarmen, oberhalb des Handgelenkes auf der Innenseite. Dieser Ausschlag bedeckte eine Fläche von 2–3 cm und sah wie kleine, farblose Graupen unter der Haut aus. Er hat weder gejuckt noch gebrannt. Einen halben Tag später bekam ich Halsschmerzen, war kurzatmig und hatte ein kribbelndes Gefühl in den Armen. Plötzlich sah ich auf dem rechten Unterarm einen neuen Ausschlag: kleine, eckige, himbeerfarbene Flecken, die unter der Haut lagen. Der Ausschlag hatte sich auf die Innenfläche beschränkt und juckte. Nach zwei bis drei Stunden war dieser Ausschlag verschwunden, ich aber auf einen Schlag furchtbar müde und ermattet.

Drei Tage später nahm ich das ***Radium bromatum*** *zusammen mit meinem Sohn (12) und Herrn und Frau Wagner ein. Mein Sohn hat keine direkte Wirkung gespürt, aber bei uns anderen ist Folgendes passiert:*

Wir haben in kürzester Zeit (vielleicht innerhalb von 2 Minuten) gespürt, daß im Kopf was passiert. Bei mir war das so, als ob der Raum ‚innerhalb' meines Kopfes expandiere – es fühlte sich innen drin unheimlich groß und leer an. Weiterhin hatten die Entfernungen im Raum selbst sich geändert – alles schien viel weiter weg als sonst.

Beim Gehen war es, als ob meine Beine die Entfernung nicht richtig einschätzen könnten.

Gleichzeitig hat es im Kopf ‚gesummt' und alle Geräusche hatten ein ‚Echo'. Kurz darauf merkte ich, daß meine Arme kribbelten und vibrierten, als ob eine Menge Strom durchfließt, und dann wurde diese Energie in meinen Augen spürbar. Es fühlte sich an, als ob ich nur aus Augen bestünde. Meine Gedanken wurden wirr, und die anderen sagten, daß meine Sprache verzögert und abgehackt wirkte.

Ich hatte einen sehr starken metallischen Geschmack im Mund. Außerdem fühlte ich mich während dieser Zeit sehr ängstlich und bekam einen kalten Schweißausbruch auf den Händen. Ich hatte das

Bedürfnis, hin und her zu rennen, habe es aber nicht gemacht. Kurz darauf legte ich mich hin und versuchte, mich zu entspannen. Ich merkte, wie jede Zelle vibrierte, und wußte plötzlich, daß es keinen Sinn hat, Angst zu haben, da jede Zelle meines Körpers dem Naturgesetz unterliegt, und daß sich das Wechselspiel zwischen meinem Körper und dem **Radium bromatum** *auf einer Ebene abspielt, auf die ich keinen Einfluß habe.*

Am Tag darauf fühlte ich mich körperlich sehr wohl und hatte keinerlei Symptome. Auch der ‚Graupenausschlag' auf meinen Armen hatte sich vollkommen zurückgebildet. Aber einige Tage später beim Abspülen hatte ich plötzlich das Gefühl, als ob ich heißes Wasser auf meinen Fuß gekippt hätte. Aber da war nichts. Dieses brennende Gefühl hielt ungefähr 15 Sekunden an, wobei die Haut sich kühler als sonst anfühlte und auch nicht gerötet war. Im Laufe des Tages wurden meine Füße zunehmend gefühllos – ich konnte sie fest kneifen, ohne daß es wehtat. Zwischendurch hatte ich diese brennende Stelle wieder gespürt. Abends beim Baden waren meine Füße ziemlich temperaturunempfindlich."

Suzanne Smith, Berlin [26)]

3.3.2 Weitere homöopathische Mittel bei Radioaktivität

Nach der anfänglichen Behandlung mit ***Radium bromatum*** wird es bei vielen Menschen notwendig sein, andere „Strahlungsmittel" einzusetzen. Andere ***Radium-Salze***, z. B. ***Radium jodatum***, können ebenfalls verwendet werden, da die Grundsubstanz ***Radium*** ist, und das ist entscheidend, wenn die Strahlung hoch ist.

Wenn ***Radium*** schlecht durchzieht oder gar keine Wirkung zeigt, dann ist bei Depressionen in erster Linie an ***Caesium*** und ***Strontium*** zu denken und bei Reizbarkeit an ***Kalium jodatum. Caesium*** gibt es als ***metallicum*** und auch als ***muriaticum.*** Der praktische Unterschied zwischen den beiden Mitteln ist nicht bekannt.

Kalium jodatum kommt als erstes in Frage und dann ***Strontium carbonicum*** oder Caesium, weiterhin ***Rhus venenata***, ***Phosphor*** und ***X-ray***.

Bei der homöopathischen Behandlung der Radioaktivität ist zu unterscheiden zwischen den akuten Symptomen, die sofort nach der Strahleneinwirkung auftreten, und den chronischen, die erst Wochen bis Monate später in Erscheinung treten.

Potenz: Alle Mittel sollten in C 200 bis 10.000 genommen werden, außer ***Kalium jodatum*** in der D 3, wenn radioaktive Isotope vorhanden sind.

Weitere Hinweise zur Wahl der Potenz im Kapitel 3.2 auf Seite 74.

3.3.3 Caesium

Dieses Mittel kommt bei Zuständen in Frage, wenn alles, was der Mensch aufgebaut hat, gleich wieder in sich zusammenbricht. Die zerstörerische radioaktive Kraft in ihm läßt das Gebäude, was er mühsam aufgebaut hat, nicht stehen. Bis in seinen tiefsten Kern gibt es keine Stabilität.

Auf dieser Basis haben wir Caesium bei Menschen und Tieren eingesetzt, wenn der durch die homöopathischen Mittel entstandene sehr schöne hoffnungsvolle Lichtblick wieder zerbrach. Eine tiefsitzende Schwäche haben wir im Verdauungstrakt, Kreuz und in der Sakralgegend feststellen können. Aufgrund dieser Schwäche im unteren Rücken haben wir vielfach Calcium carbonicum eingesetzt; doch die anfänglichen guten Resultate waren nicht von langer Dauer. Manchmal erwies es sich sogar als wirkungslos, obwohl es angezeigt schien. Hier half Caesium.

Die Depressionen von ***Caesium*** sind folgendermaßen: Er ist wie benebelt und sieht keinen Ausweg. Der Caesium-Mensch ist ein intellektueller Typ, der jetzt mit dem totalen Versagen des Intellekts konfrontiert wird und keine Möglichkeit empfindet, alleine dieser Situation zu entkommen. Er läßt sich von der Katastrophe einfach überwältigen; das ist mit der Vernebelung seiner Sinne gemeint. Ihn überkommt eine überwältigende Müdigkeit, die ihn ins Bett treibt.

Die Sonnenwärme tut gut. Die Füße können sich wie Eis anfühlen, besonders wenn Durchfall einsetzt. Die schrecklichen Rückenschmerzen im unteren Bereich machen Bewegungen fast unmöglich. Nichts hilft, nicht einmal Calcium carb.

1. Fallbeschreibung:

Ein betagtes Pferd litt seit vielen Jahren an massiven Stoffwechselstörungen, die auch durch Futterumstellungen und homöopathische Behandlung nicht dauerhaft in den Griff zu bekommen waren. Im Zuge dessen wurde es von Hufrehe, Gelenksbeschwerden, Schwäche im unteren Rücken, Durchfall, Blähungen und Grünfutterunverträglichkeit geplagt.

Mit ***Caesium C 200***, 1x täglich 2 Globuli, erlangte es eine bisher nicht gekannte gesundheitliche Stabilität, woraufhin es ihm möglich war, aus seinem depressiven, verängstigten Zustand herauszukommen und seinen ihm zustehenden Platz in der Herde einzunehmen.

3.3.4 Strontium carbonicum

Die Depression von ***Strontium carbonicum*** ist mit einer Reizbarkeit verbunden. Es ist so, als ob er sich darüber ärgert, daß er die Lage nicht eher durchschaut hat. Er quält sich mit dem Gedanken, daß er nicht vorbereitet war, und jetzt hält er alle Anstrengungen für verspätet. Dies deprimiert ihn und gleichzeitig hat er das Gefühl, aus seiner Haut fahren zu müssen. Er steht ständig unter dieser hohen Spannung, die ihn zu zerreißen droht.

Symptome:

- Glühende Rötung des Gesichts, heftiges Klopfen in den Arterien, Blutfülle in Kopf, Herz und Lungen.
- Kopfschmerz bohrend, drückend, als ob straff gespannt. Spannung vom Schädel bis zum Oberkiefer, Gefühl, als ob innen gedehnt und der Schädel zu fest sei.
- Schlechter abends im Liegen mit Kopf nach unten. Steigert sich langsam und nimmt langsam wieder ab.
- Besser durch Hitze und Sonnenhitze.
- Druck im Magen, besser beim Essen, schlechter beim Gehen.
- Magenschmerzen, schlechter nach jeder Mahlzeit. Gehen verschlechtert alles.
- Appetit sehr groß, aber Magenbeschwerden und Durchfall lassen den Patienten nicht viel essen.

- Augenbrennen, (Dehnungs-) Spannung, vor allem im Nacken.
- Durchfall, sehr dringend, während und nachher Brennen im Mastdarm und After.
- Gelenkschwäche, Gelenkschmerzen.
- Alles besser durch Wärme und Einhüllen, schlechter durch Kälte.

3.3.5 Kalium jodatum

Der ***Kalium-jodatum***-Mensch muß ständig dafür sorgen, daß alles um ihn herum ordnungsgemäß abläuft. Er fühlt sich für den geregelten Verlauf in seiner näheren Umgebung verantwortlich. Dies macht ihn sehr empfindlich für die kleinsten Widrigkeiten im Alltag. Es ist nicht in seinem Sinn, diese Unannehmlichkeiten einfach auszubügeln, ohne über die Ursachen informiert zu sein. Wenn er sich überfordert fühlt, was phasenweise oder durchgehend der Fall sein kann, reizen ihn kleinste Pannen bis zum Wahnsinn.

- Geschwüre.
- Subakutes Rheuma.
- Kraftabnahme – weint wie ein Kind, ohne zu wissen, warum.
- Gewichtsabnahme – kann wenig essen, alles macht Beschwerden und Völlegefühl.
- Nach Anstrengung Lebergegend empfindlich, wund.
- *Leitsymptom:* Diffuse Empfindlichkeit der betroffenen Teile. Bei allen neuralgischen und entzündlichen Zuständen mit erhöhter diffuser Empfindlichkeit.

Herz: Herzklopfen Tag und Nacht, läßt ihn nachts nicht schlafen. Puls dabei kaum wahrnehmbar, unregelmäßig, in den Intervallen sehr schnell. Gehen verschlechtert die Herzsymptome sehr.
Gelbe Gesichtsfarbe.

Progressiver Muskelschwund mit Wolfshunger, Zittern, Herzklopfen. Starrer Blick. Beim Gehen fast gebeugt; Zittern und Schnaufen bei geringster Bewegung.
Lymphdrüsenschwellung.
Appetitverlust mit Reizung der Mund- und Halsschleimhaut.
Wirkt wie ein Wunder auf verschlackte Muskulatur (wie Sulfur).

Husten: Hustenreiz, > im Liegen.
Erwacht um 5^{00} Uhr morgens mit trockenem Hals, Beklemmung, Stimmverlust, Lymphdrüsenschwellung, wie bei Krupp oder Glottisödem. Stiche durch die Lungen, Sternummitte, durch das Sternum zum Rücken oder tief im Brustraum beim Gehen. Der charakteristische Auswurf ist grün, reichlich und schaumig wie Seifenblasen.

Verdauungsapparat:
Starke Schmerzen an der Zungenwurzel (charakteristisch).
Appetitverlust mit Blähungen und Aufgetriebensein des Leibes.
Starker, bitterer Geschmack in Mund und Hals bis zum Frühstück.
Durchfall mit Schmerzen in der Lumbalgegend, als ob durchgebrochen.

Rücken wie in Klammern. Brust als ob zerschnitten.
Schlaflos bis in die frühen Morgenstunden, erwacht jede Stunde.

Allgemeines:
Verschlechterung (<): nachts, im Liegen auf der schmerzhaften Seite, bei Berührung, Kälte, Wärme, warmer Raum, die geringste Luftfeuchtigkeit (Wetter); alles schlechter durch kalte Milch.
Kälte verschlechtert viele Symptome sehr.
Im allgemeinen fühlen sich ***Kalium-jodatum***-Menschen durch Wärme schwach, besonders im warmen Raum.

Frische Luft, besonders Bewegung an der frischen Luft, kräftigt ihn. Manche ***Kalium-jodatum***-Menschen sind gezwungen, sich den ganzen

Tag an der frischen Luft zu bewegen.
Bei milden Strahlungssymptomen ist die Lymphdrüsenschwellung mit Hautsymptomatik ein wichtiger Hinweis auf ***Kalium jodatum.***
Ein Reizhusten mit Reizung der Rachenschleimhaut kommt auch häufig am Anfang der akuten Strahlenbelastung vor.
Nach Bronchitis, Lungenentzündung, Erysipel und anderen Entzündungen ist Kalium jodatum wichtig.

Als-ob-Symptome: Kopf vergrößert, als ob reingeschraubt, als ob große Mengen Wasser ins Gehirn reingezwungen sind, als ob es auseinanderbersten würde, wie ein Blatt über der Nasenwurzel, als ob ein Wurm über die Nasenwurzel kriecht.

Bei Rachitis: Kinder können es nicht ertragen, berührt zu werden, können nicht in einem Auto, auf dem Fahrrad oder in einem Kinderwagen gefahren werden. Sie haben große Köpfe, abgemagerte Extremitäten, große Zähne und kleine Kiefer. Viel Wasserlassen und häufiger Stuhlgang.

Dosierung: ***Kalium jodatum*** D 3– 6, 3 x täglich 3 Tabletten.

Bei *Schwangeren* und *Stillenden* sofort zusammen mit ***Radium bromatum*** einsetzen.

3.3.6 Phosphor

Es kommt bei der akuten Strahlenkrankheit mit hohem Fieber und Erbrechen in Frage. Auch ist eine glühende Hitze da, als ob alles verbrannt wird, und dies wird am stärksten in den Augen gespürt; dabei besteht meist Durst auf sehr Kaltes.

3.3.7 Polonium

Dieses Mittel bewirkt eine schreckliche Übelkeit, die besonders in der Lebergegend gespürt wird. Der ganze Bauch ist in Aufruhr. ***Polonium*** erbricht unkontrolliert, und das Erbrechen scheint tief aus der rechten Bauchseite zu entstehen. Der durch ***Polonium*** Vergiftete fühlt sich so schlecht, daß er sich einfach hinlegen und sterben könnte. Er glaubt nicht, daß es etwas gibt, was ihm helfen würde, im Gegenteil, es scheint sogar noch schlechter zu werden. In der Nase entsteht ein sehr übler Geruch. Mit einem furchtbaren Gefühl der Schwäche im Unterleib und Mastdarm setzt Durchfall mit einer größeren Menge Blut ein.

3.3.8 Rhus venenata

Ist das Hauptmittel bei Hauterscheinungen, die mit starkem Juckreiz verbunden sind. Es ist auch das Antidot, wenn zuviel ***Radium*** genommen wurde.

3.3.9 Plutonium

Dieses radioaktive Element ist eine der giftigsten Substanzen der Erde.

Zwei Arzneimittelprüfungen mit Plutonium C 10.000

Ein Prüfer nahm das Mittel ein, ein anderer hielt es in der Hand nach der Induktionsmethode. Eine Person empfand alle negativen Anteile, die andere alle positiven. Beide Prüfungen sind hier zusammengefaßt.

Gleich am Anfang der Prüfung durch Halten des Mittels kommt es zu rechtsseitigem Nasenbluten, und der Kopf verengt sich.

Das Ticken der Uhr macht den Prüfer verrückt und löst großen Ärger, Wut, tödlichen Zorn aus.

Großer Ärger über sich selbst, will den Ärger in sich töten. Er könnte alles töten, jeden erwürgen, zerquetschen, die Kehle durchschneiden, zum Tode verurteilen.

Das Wesen von Plutonium

Plutonium möchte das große Geschäft machen. Ihn interessiert der Kleinkram nicht. Er möchte Reichtum, nicht nur in Form von Geld, sondern auch im Sinne von großen, wichtigen Angelegenheiten. Es müssen nicht unbedingt weltliche oder materielle Reichtümer sein. Er strebt nach Dingen, die wertvoll sind, die ewig Wert haben. Vergängliche Reichtümer sind für ihn weniger interessant. In seinem Streben danach ist alles andere eine Nichtigkeit und steht ihm im Weg. Notgedrungen muß er sich aber mit dem täglichen Kleinkram beschäftigen, und das macht ihn sehr ungeduldig. Eigentlich möchte er damit überhaupt nichts mehr zu tun haben, und wenn er von anderen dazu aufgefordert wird, dann wird er furchtbar wütend und könnte den anderen erwürgen. Er spürt eine tödliche Intoleranz gegenüber allem, was wenig Wert hat und weltlich ist. All das möchte er im Keim ersticken, abtöten, so daß er keine Zeit damit verliert. Er möchte alle, die nicht prachtvoll, mächtig und ihm nicht gleichwertig sind, in den Hades schicken. Wenn er bei dem anderen das geringste Verhaftetsein an etwas Negatives fühlt, kann er ihn nicht neben sich ertragen.

Wenn er gut gelaunt ist, möchte er, daß jeder Mensch diesen Reichtum bekommt. Er ist sehr großzügig und bereit, jedem sein Wissen und seinen Reichtum zu geben, ihm soweit wie möglich weiterzuhelfen. Allerdings gibt er von seinem Reichtum nicht bedingungslos ab, sondern verlangt einen stattlichen Preis dafür, nämlich absoluten Gehorsam, sonst läßt er sein Gegenüber mit den Worten stehen: Sei verdammt!

Für etwas Großartiges, Gutes, für das Wertvolle ist er bereit, alle seine Energien einzusetzen. Wenn er sich überreden läßt, obwohl es an diesen Voraussetzungen mangelt, so ist das Unternehmen von vornherein zum Scheitern verurteilt.

Plutonium klärt und reinigt den Organismus. Alles, was nicht wertvoll ist, wird ausgeschieden. Der Stuhlgang setzt ein sowie ein Druck auf die Niere.

Körperliche Symptome

Er spürt einen Druck auf den Kehlkopf. Das Mittel wirkt auf die Kiefergelenke, als ob sie sich verschieben bzw. nicht richtig plaziert sind, besonders das rechte. Er spürt etwas im linken Kiefergelenk, als ob es herausspringen könnte. Es entsteht ein Gefühl, als ob sich der Kiefer weitet, als ob Gummibänder den Kiefer nach außen ziehen, erst unten und dann oben.

Links im Hals taucht kurzzeitig ein Splittergefühl auf, als ob der Hals auf der linken Seite gedehnt wird und ein Stab drinnen steckt. Die linke Gesichtshälfte und das linke Auge werden gestreckt bis zur linken Augenbraue, in der sich ein ganz leichter stechender Schmerz meldet. Gefühl, als ob die Ohren größer werden, die Ohrmuscheln sind riesig groß wie Grammophontrichter.

Von den Ohren aus konzentriert sich die Energie auf die Hypophyse und von dort wieder nach außen.

Der ganze Kopf vergrößert sich, dehnt sich aus.

Plutonium sieht die Farbe Rosa-Orange, innen rosa, außen ein orangefarbener Kreis, der sich wie ein Feuerball ausbreitet.

Ein schneidender Schmerz quer über die Kehle wie durchgeschnitten oder gewürgt.

Es kommt zu einer sanften Korrektur des zweiten Halswirbels. Jetzt stehen die Halswirbel besser aufeinander.

Ein leichtes Stechen im Gesäß/After.

After- und Blasenmuskel werden bearbeitet.

Ein stärkeres Stechen im After strahlt in den Oberschenkel.

Dann fällt die linke Kopfseite zusammen, als ob ein Druck darauf wäre.

Die Blutzirkulation unter der linken Kopfhaut wird stark angeregt und das Druckgefühl verschwindet.

Zusammenfassung:
Im positiven Zustand macht ***Plutonium*** weit. Es könnte verengte Kiefer weiten und regt die Zirkulation im Kopfbereich an. Im negativen Zustand macht es eng. Die Blutgefäße ziehen sich zusammen, es entsteht ein Druckgefühl im Kopf, wobei der Druck durch Nasenbluten wieder abgeleitet wird. Auffällig ist die tödliche Wut. Das Mittel hat eine Wirkung auf die Leber und Lunge.

Fall: Es heilte einen hartnäckigen, monatelangen, tiefsitzenden Husten mit Hustenreiz unterhalb des Kehlkopfes, der streßbedingt war und durch andere Mittel nur gelindert, jedoch nicht ausgeheilt werden konnte. Dieser Fall verhalf uns dazu bei vielen ähnlichen Fällen Plutonium erfolgreich einzusetzen.

4. Strahlenkrankheiten infolge von Therapie und Diagnostik

Rund 20.000 Menschen sterben jährlich an den Folgen von Röntgenuntersuchungen, schätzt die Gesellschaft für Strahlenschutz.

Radioaktive Strahlen wie z.B. Kobalt- oder Radiumstrahlen werden in der Medizin zur Bekämpfung von Krebs eingesetzt. Da es nicht so einfach ist, die Strahlen richtig zu dosieren, kommt es häufig zu starken Nebenwirkungen. Manchmal sind die Geräte veraltet oder falsch eingestellt, wie es z.B. 1984 in einem Hamburger Krankenhaus geschah. Menschen, denen so etwas widerfährt, können bis an ihr Lebensende gezeichnet sein. Doch mit der Homöopathie ist es möglich, auch diese scheinbar aussichtslosen Fälle günstig zu beeinflussen.

Aus einem Vortrag über Röntgenschäden von Dr. J.T. Pitkin, 1983: Um das Ausmaß von Schmerz und Leiden, der Hyperästhesie und Parästhesien zu beschreiben, reicht keinerlei Sprache aus. Ein Bienenstich oder der Abgang eines Nierensteines ist dagegen ein Vergnügen. Da die Nierenkoliken anfallsweise kommen, haben sie eine zeitliche Begrenzung, wogegen es bei Röntgenstrahlung Schmerzen ohne Ende sind.

Äußerste Empfindlichkeit auf geringste Berührung, Hitze- und Kältewellen, Prickeln, Kribbeln, Klopfen, Stechen, Brennen, Bohren, als ob Feuer brennt oder Käfer und andere kleine Tierchen in der Haut enthalten wären. Gefühl, als ob die anatomischen Strukturen verzerrt wären. Je tiefer der entzündliche Prozeß ist, desto schlimmer sind die Beschwerden.

Behandlung

Im Normalfall verwendet man das radioaktive Element, das die Schädigungen ausgelöst hat, in potenzierter Form. So wird z.B. ***Kobalt*** bei einer Kobaltüberdosierung eingesetzt und ***Radium bromatum*** bei einer Radiumvergiftun; alle Mittel ab C 200.

4.1 Fallbeschreibungen

Röntgen-, Radium- oder Kobaltstrahlen können zu Verbrennungen führen. Röntgenstrahlen sind zwar nicht radioaktiv, sondern elektromagnetisch, haben aber eine ähnlich ionisierende Wirkung wie radioaktive Substanzen.

1. Fall: Immunschwäche durch übermäßige Röntgenstrahlung

Eine Person erhielt eine sehr hohe Menge an Röntgenstrahlen, entsprechend einer radioaktiven Belastung von einem Sievert! Früher oder später würde sie qualvoll an den Spätfolgen der Röntgenstrahlen sterben, lautete die niederschmetternde Prognose der Ärzte. Dies stürzte sie in tiefste Verzweiflung, Angst und Hoffnungslosigkeit. Alle schulmedizinsichen Maßnahmen, z. B. Salzwasserinfusionen, brachten nicht einmal eine Linderung des bedauernswerten Zustandes.

Auf der Basis dieser Schädigung nistete sich ein Virus ein und löste eine Gehirnhautentzündung (Meningitis) aus, die laut Schulmedizin, nur durch ein intaktes Immunsystem überwunden werden könnte.
Die Krankheit nahm den Appetit und schwächte zusehends. Der ganze Brustkorb war extrem angespannt, begleitet von stundenlangen krampfhaften Herzschmerzen und Schlaflosigkeit. Es bestand Durst auf große Mengen kalten Wassers oder anregende Getränke.
X-ray hatte keinerlei Besserung des Zustand gebracht.

- Wir verordneten Phosphor LM 2, 1x2 Tropfen täglich, 5 Schüttelschläge vor jeder Gabe.

Drei Wochen später: Der Appetit ist zurückgekommen, Gewichtszunahme und körperlich kräftiger. Es bleiben aber die Symptome der Meningitis, die Todesangst und Verzweiflung.
Neu hinzu kommen: Sodbrennen mit Hochkommen von Säure stundenlang nach dem Essen. Beidseitiges Ziehen an den Halslymphdrüsen. Aufgrund dieser neuen Symptomatik und weil Phosphor auf die anderen Symptome keine Wirkung hatte, erfolgt nun eine neue

- Verordnung: ***Radium bromatum LM 120***, 1x täglich 2 Tropfen, 10 Schüttelschläge vor jeder Gabe.

Sechs Wochen später: Sodbrennen, Säure und Ziehen an den Lymphdrüsen weg. Allgemein besser, die Seele weitgehend stabilisiert, da er keine Angst mehr hat, an den Folgen zu sterben: ***Rad. brom XM***.

Sechs Wochen später: Das Virus hat sich verabschiedet und mit ihm die Schädigung durch die Röntgenstrahlen, bis auf ein gelegentliches Ziehen am Herz.

- Verordnung: ***Radium brom. XM***, 1x2 Tropfen alle 4 Tage für sechs Monate, anschließend weitere sechs Monate ***Rad. brom. CM***.

Danach war die Person seelisch so stabil, daß sie keinerlei Bedanken hatte, das Mittel abzusetzen. Auch noch Jahre danach geht es ihr gut.

2. Fall: Brandwunden nach Kobaltbestrahlung

Wir geben hier einen Fall unseres sehr geschätzten Kollegen Karl-Heinz Lachowski wieder:

Eine Frau war wegen eines Karzinoms im Oberbauchbereich mit Kobalt bestrahlt worden. Nun litt sie schon seit einem Jahr an den Folgen dieser Bestrahlung, einer Verbrennung auf der Bauchdecke. Keine der vielen allopathischen Therapien hatte bisher geholfen. Aufgrund eines Hinweises von Dorothy Shepherd in „Das Wunder der unsichtbaren Kraft"(Lage & Roy Verlag), die ***Urtica urens*** *(Brennessel) bei normalen Verbrennungen zu verwenden, setzte Herr Lachowski dieses Mittel ein.* ***Urtica urens*** *wurde in einer niedrigen Potenz 3 x täglich innerlich eingenommen, zusätzlich wurden Umschläge mit dem Mittel gemacht. Innerhalb von einem Monat war die Wunde verheilt.*

4.2 Das Arzneimittelbild von X-ray

X-ray, der röntgenbestrahlte Alkohol führt in die Zeit zurück und bringt Verborgenes ans Licht. Das Mittel hilft, alte Verhaltensweisen, die nicht vollständig verarbeitet waren, wiederaufzunehmen und umzuwandeln.

Das Wesen

Groß ist die Macht dieses Mittels. Es vermag diejenigen krankmachenden Elemente aufzulösen, die die Menschen über Jahrhunderte gefangenhielten. Im negativen Zustand läßt es einerseits die Kräfte, die den Menschen befreien könnten, nicht hochkommen. Andererseits besteht eine Angst vor der Schönheit und Harmonie, die entstehen könnten, wenn die Blockaden wegfallen. Letztendlich hat der Mensch, der ***X-ray*** braucht, auch Angst, das Interesse an den „allzu liebgewordenen Nichtigkeiten und Lappalien" des Lebens, die ihn aber ständig herunterziehen, verlieren zu können. Das Alte ist ihm vertraut und er weiß damit umzugehen, auch wenn es ihn wenig aufbaut. Vor dem Neuen, das

eigentlich nur eine Wende zum Besseren bringen könnte, hat er panische Angst. Er möchte um keinen Preis der Welt seine schlechten Gewohnheiten gegen bessere eintauschen.
Durch eine rein intellektuelle Beschäftigung mit diesen Problemen kann ***X-ray*** nicht zufriedengestellt werden. Er weiß, daß er erst ein Gefühl dafür entwickeln muß. Es fällt ihm sehr schwer, mit Hilfe des Gefühls und seines wachen Verstandes zu einem echten Verständnis zu kommen. Er wird dann eher frustriert und gerät in Rage. Dabei wird er so destruktiv, daß er überhaupt keine Freude mehr am Leben empfinden kann. Nachdem er jedoch die Auswirkungen seiner zerstörerischen Impulse oft genug erlebt hat, beschließt er schließlich doch, sie unter Kontrolle halten zu wollen. Allerdings betrügt er sich dabei auf eine raffinierte Weise, indem er beginnt, ein scheinheiliges Leben zu führen. Er macht sich vor, ein möglichst reines, makelloses Leben zu führen. In der Realität ändert sich jedoch an seinem Lebenswandel nichts. So wie die Röntgenstrahlen das, was unseren Augen verborgen ist, ans Licht bringen, so deckt das Mittel ***X-ray*** die Scheinheiligkeit auf und zeigt, was an emotionalen Blockaden noch vorhanden ist. Dem ***X-ray***-Menschen gelingt es meisterhaft, immer etwas wie eine Wand oder Abdeckplatte aus Blei vorzuschieben, die ihn daran hindert, sich so zu zeigen, wie er ist. Dadurch ist er für die anderen wenig greifbar.

Auch versucht er gerne, sich der Verantwortung zu entziehen, indem er zum Beispiel wichtige Entscheidungen den anderen überläßt. Seine Mitmenschen haben dafür sogar Verständnis, denn er löst in ihnen das Gefühl aus, ihn zu sehr belästigt zu haben, und nun müsse man ihm seine wohlverdiente Ruhe gönnen.

Seine Umwelt erkennt häufig seine Fähigkeiten und stellt ihn deshalb in eine herausragende Position. Seine Scheinheiligkeit fällt jedoch naturgemäß nicht sofort auf. ***X-ray*** bemüht sich nun krampfhaft, den in ihn gesetzten Erwartungen gerecht zu werden. Das kann natürlich nicht funktionieren, worüber er sich maßlos ärgert und den ganzen Ärger an den Personen ausläßt, die hohe Erwartungen an ihn stellen. Seine

Scheinheiligkeit spaltet ihn innerlich und hindert ihn daran, zu erkennen, was richtig oder falsch ist. Er tut das, was anderen entgegenkommt.

Die Arzneimittelprüfung von X-ray wird zu einer Reise in die Vergangenheit

„Alte Verhaltensweisen kommen wieder hoch, von denen ich dachte, ich hätte sie bewußt verarbeitet. Ich spüre durch ***X-ray****, wie ich langsam das Gefühl für das Leben verliere und nur noch selten richtig daran Spaß habe. Es ist keine durchgehende Niedergeschlagenheit. Keine Melancholie, sondern eine Art Traurigkeit, daß es nicht mehr wie früher funktioniert.*

Ich finde den Dreh nicht, obwohl es immer wieder Momente gibt, wo alles wie am Schnürchen läuft. Aber diese werden immer seltener. Manchmal ärgert mich das so wahnsinnig, daß ich jemanden umbringen könnte.

Wenn es mir schlecht geht, habe ich keine Lust, mit anderen zu verkehren. Ich befürchte, ich habe keine Energie, um ihren Anforderungen in irgendwelcher Weise nachzukommen. Dies kann sogar Haß hochbringen. Ich möchte einerseits gerne mit anderen zusammen sein, aber die Kraft fehlt. Deshalb würde ich andererseits am liebsten allein sein oder mit Leuten, die anspruchslos sind.

Auch die Arbeit macht keinen richtigen Spaß mehr. Oft bin ich nicht mehr so klar im Kopf und wundere mich, wo die alte Klarheit geblieben ist. Alles funktioniert nur, wenn es sein muß, und dann nur mühselig.“

X-ray als Reaktionsmittel nach Röntgenstrahlen

X-ray wird in einzelnen Gaben als Hochpotenz verabreicht, wenn die Behandlung durch viele Röntgenaufnahmen blockiert ist.

Bei **direkten Folgen** von Röntgenstrahlen, kann es auch in LM-Potenzen in größeren Abständen (3–7 Tage) über einen längeren Zeitraum von 4–6 Wochen wiederholt werden. Es bringt Klärung, wenn die passenden antimiasmatischen Mittel es nicht schaffen, das belastende Toxin aus dem Körper zu entfernen.

X-ray bringt alte unterdrückte Zustände in hochakuter Form zurück. Anschließend ist mit dem Similimum zu behandeln, das für den neuen akuten Zustand paßt. Danach wird es in den meisten Fällen zu einer schnellen Ausheilung kommen. In manchen Fällen wird kein weiteres Mittel mehr notwendig sein, sondern ***X-ray*** wird selber den heilenden Prozeß auslösen und bis zu Ende durchführen. Es ist in jedem Fall genau zu prüfen, ob ***X-ray*** weiter wirkt oder ob ein neues Mittel angezeigt ist.

Die Kernsymptome von X-ray

Es wirkt auf die Knochen, weichen Gewebe und Haut.
Röntgenstrahlen können Krankheiten unterdrücken und viele chronische Krankheiten unheilbar machen.

Nacken: Steifheit, starker Krampf im Nacken, direkt hinter den Ohren am schlimmsten, besonders links, sehr starker Schmerz nachts, am Tag anfallsweise, heiße Anwendungen bessern etwas. Nackenbedingte Kopfschmerzen, Drehen im Bett verschlechtert. Schmerz in der Nackenmuskulatur durch Heben des Kopfes vom Kissen.

Plötzlicher Krampf im Nacken, Verschlimmerung bei Kaltwerden, Kopfdrehen verursacht fast Krämpfe (Konvulsion). Patient muß ganz still bleiben; sanfte Bewegungen, bei denen der Nacken geschont wird, sind wohltuend.

Ohren: Geräusche mit Völlegefühl im Kopf, Patient hört schlecht.

Nase: Verstopft, Fließschnupfen, Völlegefühl im Kopf, beim und nach dem Naseputzen Schmerz am Scheitel an der Kranznaht. Schwefeldunst in der Nase und im Hals mit viel Niesen.

Magen: Dieses Organ spiegelt den seelischen Zustand deutlich wider. Es gibt wenig, was schmeckt, bzw. guttut. Von Zeit zu Zeit ist der Appetit gut, oft ist er mäßig, doch meistens schlecht. Das Einzige, was guttut und worauf Lust besteht, sind süße Puddings oder leichte Kuchen und Gebäck.

Oft kann er viel essen, aber meistens fehlt der Spaß. Er hat kein Hungergefühl, verzichtet auf das Essen, bis er fast umkippt.

Mit dem Trinken ist es ähnlich, bevorzugt kaltes Wasser, was aber nicht richtig schmeckt.

Bauch: Blähbauch mit Völlegefühl, Blähungen mit erfolglosem Stuhldrang, Blähungen drücken aufs Herz, Schwere- und Völlegefühl im Unterleib, sogar nach kleinen Mengen Essen.

Unterleib und Harn: Unbehagen im Unterleib in Intervallen wie aufgewühlt, als ob Durchfall käme.

Gefühl im rechten Unterleib, als ob sich Blasen bildeten und platzen wollten. Kolikartige Schmerzen im rechten Unterleib, machmal hinter der Hüfte mit Urinverhalt durch Bewegung. Die Därme auf der rechten Seite scheinen an der Bauchwand festgeklebt zu sein. Gefühl, als ob was weggerissen würde. Der Patient muß zwischen Bein und Bauch ein großes Tuch packen, um den Schmerz zu lindern.

Häufiges Wasserlassen bis zum Zubettgehen.

Atemwege: Husten durch Herzklopfen, abends. Morgens nach dem Aufstehen Husten durch Reiz im Kehlkopf, begleitet von Schmerzen knapp oberhalb des rechten Beckenkamms, Essen bessert. Aber die Seite fühlt sich noch wie verletzt an beim Bücken, bei Erschütterung oder Druck.

Husten mit Reißen in Bronchien, Heiserkeit und Herzklopfen.

Auswurf: Grün, grau, weiß, gallertartig, morgens reichlich.

Brust: Wandernde, stechende Schmerzen in der Brust, besonderes rechts oben bis zum oberen Teil des Schulterblattes.

Scharfer Schmerz in der Herzspitze, > Liegen auf der linken Seite.

Extremitäten: Magnetische Spannung – Zittern der rechten Hand bis in den Unterarm hoch.

Prickeln in beiden Armen, wie von Strom oder wie eingeschlafen.

Knirschen im Schultergelenk, in fast allen Gelenken. Patient kann in der linken Hand nichts halten, ist kraftlos oder plump.

Unterschenkel taub, Prickeln wie von Strom: Schmerzen im rechten Ischias beim Gehen. Wie nach der Entfernung von Krampfadern.

Schlaf: Herzschläge lassen Patienten nicht einschlafen beim Liegen auf der linken Seite. Kann nur ganz kurz schlafen, danach ist er geistig furchtbar deprimiert, will niemanden sehen oder sprechen.

Müde beim Sitzen die ganze Nacht lang; sobald er sich hinlegt, verschwindet die Müdigkeit.

Schläft auf der rechten Seite ein, wacht auf der linken auf, kann nur schlafen, wenn er „Ale" (englisches helles Bier) trinkt.

Träume von Wettstreit, von viel Beschäftigung.

Sehr lebhafte sexuelle Träume.

Haut: Extremes Erythem, es bilden sich Blasen, die geringste Reibung brennt wie Feuer.

Ekzem: Trocken oder feucht.

Schweiß und Frösteln: Frösteln beim Einschlafen, läuft den Rücken hoch, hindert am Schlaf.

Frösteln beim Kleiderwechsel, selbst im warmen Raum. Wellenartiges Gefühl, als ob Schweiß ausbrechen würde. Reichlicher Schweiß, wenn Patient ins Bett geht, läßt ihn nicht schlafen.

Allgemein: Abgespannt und Krankheitsgefühl.

Hartnäckige Erschöpfung und Mattigkeit, lahm und wund überall.

Verschlimmerung: Im Bett, nachmittags bis nachts, im Freien.

Quelle: H. C. Allen „Materia Medica of the Nosodes", Sett Dey & Co, Calcutta 1942

5. Behandlung mit Chakrablüten Essenzen

Diese Essenzen haben wir 1997 entdeckt und erforschen sie seitdem. Die meisten Essenzen werden aus Büten einer Pflanzenart in Anlehnung an die Sonnenmethode auf Alkohol, Quellwasser sowie als Salben hergestellt. Die Reihenfolge, in der sie gefunden wurden, drückt auch gleichzeitig ihre Wichtigkeit aus. Die Regeln der Wiederholung, Dosierung und Heilreaktionen sind denen der Homöopathie sehr ähnlich, aber einfacher, da es nur eine Energieebene gibt. Die Essenzen eignen sich auch in schwierigen Fällen als Türöffner für die homöopathischen Mittel. Kurz vorher gegeben, öffnen sie das Chakra und beseitigen so mögliche Blockaden.
Durch die Schwingungserhöhung der Chakren wird der Mensch positiver, so dass bei Überempfindlichen stärkeren Reaktionen entgegengewirkt werden kann. Je mehr Ängste ein Mensch hat, desto schwieriger ist sein Gesundungsprozess.

- Dosierung: In der Regel genügt ein Tropfen pro Tag auf die Hand getropft und abgeschleckt. Sobald die Wirkung nachläßt, wiederholen. (Siehe auch Seite 51.)
- Nicht mehr als vier Essenzen pro Tag nehmen.

Die folgenden sechs Chakrablüten Essenzen haben sich als sehr effektiv gegen Radioaktivität, auch in der Landwirtschaft, erwiesen:

5.1 **Magnetische Essenz** (Yucca)

Diese Essenz kommt in Frage bei einem Strahlenkater oder ähnlichen Symptomen bei Bestrahlungen in der Krebsbehandlung, Röntgenaufnahmen, Wohnen in der Nähe eines Atomreaktors, nach einem Reaktorunfall, bei der Arbeit in einem Atomkraftwerk, in der Radiologie und bei Bildschirmarbeit. Sie hat denjenigen gut geholfen, die in der Nähe eines Atomkraftwerks leben. Wenn der Wind in die Richtung der Wohnhäuser weht, neigen die Bewohner zu Kopfschmerzen, begleitet

von Schwindel, Übelkeit, Erbrechen, Mattigkeit und einer allgemeinen niederdrückenden Lethargie, die auch als Depression bezeichnet wird. Die ***Magnetische Essenz*** kann nicht nur helfen, die überwältigende Niedergeschlagenheit und anderen Beschwerden schnell zu überwinden, sondern auch die Neigung angehen, in dieser Weise zu erkranken, wenn sie über einige Wochen eingenommen wird.
Dazu ein Fallbeispiel:

Ein Ehepaar lebt in östlicher Richtung eines Atomkraftwerks. Immer dann, wenn tagelang ein heftiger Westwind anhielt, litten beide unter einem Strahlenkater mit Übelkeit, Durchfall, Müdigkeit, Abgeschlagenheit, Kopfschmerzen bis zum Erbrechen, Konzentrationsstörungen und Depressionen, manchmal auch Husten mit Kehlkopfreizung. Bisher fanden sie nichts, was ihnen Abhilfe verschaffen konnte, bis sie die Magnetische Essenz *wegen der Rückenschmerzen einnahmen. Als angenehmer Begleiteffekt verschwand auch der Strahlenkater. Bei Westwind nimmt das Ehepaar jetzt immer prophylaktisch die Essenz, so daß ihr Körper lernt, mit der Radioaktivität besser umzugehen.*

Bei dem Mann verschwand mit dem Strahlenkater überraschenderweise auch das gewohnheitsmäßige abendliche Trinken von fünf Flaschen Bier. Dies Trinkverhalten schien in der gesamten Umgebung „normal" zu sein. Nach der Magnetischen Essenz *schmeckte das Bier einfach nicht mehr, so daß er es ganz aufgab und als weitere positive Nebenwirkung einige überflüssige Kilos verlor.*

5.2 Essenz des Blauen Strahls (Blauroter Steinsame)

Sie stärkt die Schilddrüse und unterstützt die Nierenfunktion. Diese Essenz ist wichtig für diejenigen, die auf erhöhte Radioaktivität mit Reizung und Schmerzen im Hals reagieren, mit Schilddrüsenstörungen und Husten, der vom Kehlkopf ausgeht. Sie ist besonders in der Anfangsphase nach einem radioaktiven Fallout sehr hilfreich, wenn die Schilddrüse durch radioaktives Jod belastet wird, kommt aber auch später noch oft in Frage. Auffällig ist es, wieviele Menschen heutzutage unter einer Immunschwäche der Schilddrüse (Mb. Hashimoto) leiden oder eine Überfunktion haben und lebenslang auf Medikamente eingestellt sind. Diese Störungen beginnen in immer jüngeren Jahren.

Bei einer heftigeren Schilddrüsenstörung sollte neben der Essenz auch die Salbe zweimal täglich eingesetzt werden.

5.3 **Zellessenz** (Palo verde)

Sie baut eine schützende Energiemembran um die Zelle, so daß sie nicht mehr so leicht beschädigt werden kann. Darüber hinaus hilft sie der Zelle, sich schneller zu regenerieren. Diese Essenz ist besonders wertvoll für Kleinkinder und Schwangere.

5.4 **Leberchakra Essenz** (Rotviolette Distel)

Sollten sich Übelkeit, Brechreiz, Infektanfälligkeit oder heftige Kopfschmerzen einstellen, so kommt die Leberchakra Essenz in Frage, um die entgiftende Funktion der Leber anzuregen. Meist besteht auch Appetitlosigkeit. Ein Verlangen nach Alkohol kann vorkommen.

5.5 **Sunrise Essenz** (Waldlilie)

Eine Folgeessenz der Leberchakra Essenz. Wird bei wellenartigen Beschwerden wie Hitzewallungen oder Kopfschmerzen eingesetzt. Im Hintergrund zeigt sich in der Regel eine Schwermetallbelastung, wodurch die Wirkung der gut gewählten Essenzen blockiert wird. Die Sunrise Essenz entgiftet von Medikamenten und Umweltbelastungen, auch Gifte in der Kleidung, die über die Haut aufgenommen werden. Empfindliche Menschen reagieren auch auf radioaktiv bestrahlte Lebensmittel mit Übelkeit, Kopfschmerzen oder mangelnder Lebensfreude.

5.6 **Medulla Essenz** (Kalifornischer Mohn)

Stärkt und reinigt das Atemzentrum und kommt in Frage, wenn der Wind aus der Richtung eines in der Nähe liegenden Atomkraftweks weht. Eine Infektanfälligkeit der Bronchien mit hartnäckigem Husten macht sich bemerkbar.

6. Seele und Bewußtsein

Viele Menschen sind angesichts der atomaren Übermacht verzweifelt. „Was kann ich als einzelner dagegen ausrichten?“ Diese Einstellung lähmt den Willen zur Veränderung.

Das Problem der Radioaktivität muß von allen Seiten angegangen werden, wobei der seelische Aspekt ein sehr wichtiger ist. Die Maßnahmen auf der Bewußtseinsebene fangen ganz einfach an:

- Alles Vertraute, Traditionsgebundene, Gewohnte etc. in Frage stellen
- Informationen suchen
- Konsequent handeln

Diesen Forderungen sieht sich heutzutage jeder Mensch gegenübergestellt. Man kann aber viel mehr erreichen, als man denkt, denn im geistigen Bereich liegen ungeahnte Kräfte und Möglichkeiten, über die jeder verfügen kann, der sich wirklich darum bemüht. Man weiß, daß Menschen aus Hiroshima die Katastrophe allein dank ihrer positiven Einstellung, ihres Glaubens an Gott, überlebt haben.

Durch Tschernobyl und jetzt durch Fukushima in Japan sind wir alle wachgerüttelt worden, uns endlich vom „goldenen Kalb“, dem Materialismus, abzuwenden. Wir müssen eine Synthese von Technologie und geistiger und spiritueller Entwicklung herstellen.

Durch die im Folgenden vorgeschlagenen Übungen und das Gebet machen wir uns innerlich stärker und klären unseren vernebelten Geist. Sie werden uns dabei helfen zu erkennen, daß wir als einzelne viel bewirken können, erst für uns selbst und dann für alle anderen um uns herum. Die Grundvoraussetzung ist, daß man bei sich selber mit den Änderungen beginnt. Man muß sich intensiv um Klarheit bemühen, und jeder, der sich wirklich einsetzt, wird eine Antwort bekommen, einen Weg finden aus dem Dunkel und der Ohnmacht, die uns handlungsunfähig macht und resignieren läßt.

Die Übungen und das Bitten um Unterstützung helfen uns, unser Einsatzgebiet zu finden. Es nützt einem wenig, wenn man sich in hoffnungsvolle Träumereien flüchtet. Die Aufgaben eines jeden werden ganz individuell und sehr mannigfaltig aussehen.

Wie kann man sich einsetzen?

- Arbeitskreise bilden und Informationen austauschen. Es ist wichtig, Kontakt aufzunehmen, Hilfe anzubieten und Hilfe und Ratschläge empfangen zu können.
- Den richtigen Politikern die Stimme geben.
- Nicht autoritätsgläubig sein. Jede Information überprüfen. Jeder kann irren.
- Bürgerinitiativen und Selbsthilfegruppen gründen.
- Forderungen an Politiker stellen.
- Den weltweiten Ausstieg aus der Kernenergie fordern.

6.1 Bewußtseinsübungen zum Umgang mit Radioaktivität und anderen Problemen

Zur Unterstützung schlagen wir einige Übungen vor:

1. Darum bitten, den positiven Zustand der Radioaktivität zu erfahren.

Schließen Sie die Augen, entspannen Sie sich und lenken Sie dann Ihr Bewußtsein in die Mitte und den oberen Teil Ihres Kopfes und beobachten Sie einfach. Wenn irgendwelche Verspannungen einsetzen, dann lockern Sie diese, indem Sie langsam, tief und rhythmisch atmen. Wenn Ihnen das gelungen ist, fahren Sie fort mit dem nächsten Schritt, der Bitte.

Erwarten Sie nichts, öffnen Sie sich vollständig und bitten Sie aus tiefstem Herzen. Die Antwort, die Sie jetzt tief in Ihrem Herzen spüren, ist die richtige. Wenn keine Antwort kommt, sollten Sie sich prüfen, ob sich nicht Spannungen aufgebaut haben und ob Sie vielleicht doch irgendwelche Erwartungen hatten. Wenn Sie Ihre Antwort erhalten haben und dann erneut bitten, wird dies eine Bitte sein, um Ihre Entschlossenheit zu stärken. Sie können dann mehr Einsichten gewinnen und wichtige Ratschläge erhalten, die Sie stärken und Ihnen weiterhelfen.

2. Diese Atemübung ist hilfreich, um sich mit der Radioaktivität seelisch und geistig auseinanderzusetzen:

Erst tief einatmen, dann im gleichen Rhythmus ausatmen, jetzt den Atem anhalten (dabei sind die Lungen ganz entlüftet). Die Phase des Atemanhaltens dauert so lange wie die beiden Phasen von Einatmen und Ausatmen zusammen. Beispiel: Atmen Sie auf 1 – 2 langsam ein und auf 1 – 2 langsam aus, dann halten Sie auf 1 – 2 – 3 – 4 die Luft an. Sie sollten mit der leichteren Form beginnen. Der 1-2er-Rhythmus ist für den Nichtgeübten als Einstieg geeignet. Die Übung soll am Anfang nicht länger als 5 Minuten dauern.

Es ist besser, die Übung kürzer und häufiger zu machen, z. B. 3 x täglich, als zu lange und nur gelegentlich. Wenn Sie mit dem Rhythmus 1 – 2 gut zurechtkommen, können Sie ihn erhöhen auf 3 Takte einatmen, 3 Takte ausatmen, 6 Takte anhalten, usw.

Diese Atemübung basiert auf der Beobachtung, daß bei Sauerstoffmangelzuständen eine geringere Anfälligkeit für Radioaktivität besteht. Ähnliche Atemübungstechniken werden von Yogis benutzt, um den Metabolismus so weit zu verlangsamen, daß der Körper über einen längeren Zeitraum keine Luft mehr braucht. Der Körper ist in diesem Zustand wie konserviert.

3. ***Yoga-Atemübung:*** Wenn Sie die erste Atemübung gut geübt haben, können Sie zur folgenden *Yoga-Atemübung* übergehen, bei der Sie durch das linke Nasenloch einatmen, wobei das rechte Nasenloch zugehalten wird, anschließend wird durch das rechte Nasenloch ausgeatmet, wobei das linke geschlossen gehalten wird. Dann halten Sie den Atem an, wie oben erwähnt, und atmen anschließend durch das rechte Nasenloch ein und durch das linke Nasenloch aus. Atem anhalten und weiter wie zu Beginn.

4. ***Entspannungsübung:*** Für jeden Menschen stellt die radioaktive Belastung wohl in irgendeiner Weise ein Problem dar, das durch folgende Übung angegangen werden kann. Sie ist besonders für Menschen zu empfehlen, die in der Radioaktivität ein unlösbares Problem sehen und in einen Zustand der Resignation gefallen sind. Entspannen Sie sich mit Hilfe einer Entspannungstechnik. Die Technik, bei der man einen Körperteil nach dem anderen von unten nach oben willentlich entspannt, ist hilfreich.

Wenn Sie sich im entspannten Zustand befinden, führen Sie die folgende Sieben-Schritte-Übung durch. Gehen Sie erst zum nächstfolgenden Schritt, wenn Sie spüren, daß etwas in Bewegung gebracht worden ist.

Die Sieben-Schritte-Übung:

1. Ich sehe das Problem: Das Problem mit der Radioaktivität formulieren, z. B. „Ich sehe meine Angst um die Kinder, meine Panik, meinen Vertrauensverlust".
2. Ich empfinde das Problem.
3. Ich habe das Problem in mir selbst geschaffen.
4. Ich akzeptiere, daß ich das Problem in mir trage.
5. Ich lasse die in mir notwendige Veränderung stattfinden.
6. Ich bitte darum, daß die Lösung des Problems in Bewegung gesetzt wird.
7. Das Problem löst sich im göttlichen Licht auf.

Bei sehr konzentriertem Üben ist es möglich, ein Problem auch nur mit einem einzigen Durchgang aufzulösen; es verschwindet und Sie werden offen für die notwendigen Änderungen. Dies ist normalerweise ein Prozeß, der sich über einen längeren Zeitraum erstreckt. Am Anfang empfiehlt es sich, 1–2 x täglich oder auch nach Bedarf zu üben.

Wenn Sie diese Broschüre gelesen haben, fühlen Sie sich vielleicht voller Euphorie und Tatendrang. Doch wir raten, die Übungen nur Schritt für Schritt bei sich selbst und innerhalb der Familie einzuführen. Beginnen Sie mit den Empfehlungen, die Sie am meisten ansprechen. Erst wenn diese in den Tagesablauf integriert sind, kann zur nächsten Stufe übergegangen werden. Zu starke anfängliche Begeisterung bewirkt oft das Gegenteil, nämlich daß nichts mehr umgesetzt wird.

Wir müssen im Auge behalten, daß unsere Umwelt mit Radioaktivität verseucht ist und diese Verseuchung ständig zunimmt. Wir sollten lernen, damit zu leben und damit umzugehen. Die hier empfohlenen Maßnahmen können uns dabei helfen. Krank wird man nur, wenn man den Naturgesetzen und dem göttlichen Plan Widerstand leistet und nicht bereit ist, in die neuen Ebenen hineinzuwachsen. In die neuen Ebenen wächst man erst dann hinein, wenn man lernt, mit der Realität umzugehen. Gleichzeitig müssen wir uns gegen Menschen wehren, die uns und die Umwelt aus selbstsüchtigen Motiven schädigen bzw. vernichten wollen. Sich wehren bedeutet auch „nicht mitmachen".

7. Bestrahlte Lebensmittel

Zu der Anreicherung unseres Bodens mit Radioaktivität und damit auch unserer Nahrungsmittel könnte in naher Zukunft eine weitere Bedrohung durch radioaktiv bestrahlte Lebensmittel auf uns zukommen. Dem Verbraucher, der Tschernobyl noch nicht vergessen hat und den unabsehbaren Folgen der Reaktorkatastrophe von Fukushima ausgesetzt ist, erscheint es geradezu wahnwitzig, Lebensmittel nun auch noch künstlich zu bestrahlen. Wenn es für den Verbraucher keinen Vorteil bringt, wer hat dann Interesse daran? In erster Linie wohl die Bestrahlungsindustrie, die Nahrungsmittelhersteller und -händler sowie die Atomlobby. Natürlich möchte der Lebensmittelhandel lieber solche Produkte anbieten, die nicht leicht verderblich sind. Aber eigentlich reichen unsere gegenwärtigen Methoden der Konservierung aus, um frische Produkte haltbar zu machen, ohne sie vollends zu präservieren oder gar wertlos zu machen. Jede dieser Methoden schmälert die Vitalität, den Vitamin- und Nährwert des Produkts.

Beim Bestrahlen wird die Qualität eines Produkts in einem Maße vermindert, das in keiner Weise mit anderen Methoden vergleichbar ist. Der immense Aufwand bringt im Grunde nur optische Vorteile. Obst und Gemüse strahlen nach außen in makelloser, kosmetisch steriler Vollkommenheit, in Wirklichkeit ist der Vitalwert jedoch gänzlich vernichtet worden. Doch damit nicht genug: durch die Annahme, daß bestrahlte Lebensmittel gut haltbar seien, wird der Anbieter leicht zu einer schlampigen Lagerhygiene verführt, deren Auswirkungen zwar nicht sichtbar, aber um so mehr spürbar werden können, z. B. durch Salmonellose oder andere Durchfallerkrankungen. Mittels Bestrahlung sollen Bakterien, Schädlinge, Schimmelpilze und andere Keime abgetötet werden. Um diesen Effekt mit Sicherheit zu erreichen, müßte die Strahlenbelastung von Anfang an so groß sein, daß das Produkt völlig ungenießbar wäre. Es bleibt also immer ein Teil der Keime lebensfähig. Wenn die Einwirkung der Bestrahlung nachläßt und die Lagerung nicht hygienisch ist, vermehren sich dann die Keime explosionsartig. Allein

1990 wurden in Deutschland über 90.000 Fälle von Salmonellose gemeldet. Die Dunkelziffer liegt natürlich immer um ein Vielfaches höher.

Die vordergründige Verschönerung durch radioaktive Bestrahlung verleitet zu gewissenlosem Mißbrauch dieser Kraft. Lebensmittel, die eigentlich nicht verkäuflich sind, werden keimfrei gemacht. Diese Fälle sind gar nicht so selten, insbesondere bei Muscheln.

Es gibt zwei Arten von Bestrahlung. Bei der einen wird das Produkt mit Radioaktivität nicht direkt beimpft, wodurch sie sich auch kaum nachweisen läßt. Bei der zweiten Methode wird eine stärkere Bestrahlung vorgenommen, die man später auch messen kann. Der Verbraucher verfügt jedoch über andere Möglichkeiten, um eine Bestrahlung von Lebensmitteln zu erkennen. Es wird zwar behauptet, der Geschmack und das Aroma der Speisen würden sich durch die Beeinflussung nicht verändern, aber ein sensibler Gaumen läßt sich nicht so leicht täuschen.

Wenn das Obst vor der eigentlichen Reife radioaktiv bestrahlt wird, behält es immer seinen Status quo, es wird niemals richtig reif. Später fängt es an innen zu verderben, obwohl es äußerlich immer noch taufrisch aussieht. So sind im Mangofruchtfleisch schwarze Stränge oder sehr unreife Stellen zu finden. Manchmal entsteht eine glasige Masse.

7.1 Gesundheitliche Auswirkungen

Durch die Bestrahlung können sich lebenswichtige Enzyme nicht entwickeln und ein hoher Prozentsatz der Vitalstoffe geht verloren. Besonders bei fetthaltigen Lebensmitteln ist der Vitaminverlust sehr hoch. Bei Milch wird das Vitamin E zu 100 % zerstört. Die wasserlöslichen Vitamine sind besonders empfindlich. Schon bei einer geringen Bestrahlung von 1000 Gray werden bei Äpfeln 70 %, bei Karotten und Kartoffeln 40 % der Vitamine abgetötet. Auch der Verlust an wichtigen Eiweißbausteinen, den essentiellen Aminosäuren, z. B. Phenylalanin und Methionin, und den nicht essentiellen wie Tyroxin und Cystin ist groß. Außerdem finden weitere chemische Veränderungen in den Lebensmitteln statt, die für die Gesundheit eine große Gefahr bedeuten können. Es entwickeln sich neue, unbekannte Chemikalien. Von den hochtoxischen bereits bekannten Chemikalien sind die folgenden zu erwähnen: Cyclobutanone, Oxidationsprodukte wie Methionin, Formaldehyd, Acetaldehyd, Propionaldehyd und Glycal.

Obwohl 1952 im Tierversuch festgestellt wurde, daß es durch radioaktiv bestrahlte Lebensmittel zu Blutungen, Herzmuskelnekrosen und Erblindungen kommen kann, wird diese Konservierungsmethode weiterhin angepriesen und praktiziert. 1975 wurden an fünf indischen Kindern Versuche durchgeführt. Bei allen fünf Kindern, die sechs Wochen lang mit frisch bestrahltem Weizen (0,75 kGy) ernährt wurden, kam es zu einem deutlichen Anstieg abnormer Lymphozyten. Bei der Kontrollgruppe, die mit unbestrahltem Weizen ernährt worden war, waren keine abnormen Zellveränderungen festzustellen. Diese Art von Lymphozytenveränderungen sind ein bekanntes Anzeichen für radioaktive Bestrahlung, frühzeitiges Altern, Krebs und Virusinfektionen.

7.2 Die rechtliche Situation in Deutschland

Was ist verboten?

Obwohl der Verkauf von bestrahlten Lebensmitteln in Deutschland verboten ist, tauchen bei Kontrollen immer wieder radioaktive Lebensmittelbestände auf. Bei uns ist eine Kennzeichnungspflicht bestrahlter Ware eingeführt worden.

Was ist erlaubt?

Lebensmittel dürfen zu Meß- und Kontrollzwecken bestrahlt werden, z. B. bei Kräutern, Getränkeabfüllung, besonders bei Bier. Außerdem ist es erlaubt, Lebensmittel in Deutschland für den Export zu bestrahlen. Im Ausland bestrahlte Ware darf in Deutschland verkauft werden.

7.3 Welche Länder bestrahlen Lebensmittel?

Hierzulande wurden im Jahr 2013 etwa 891 Tonnen Lebensmittel mit Gamma-, Röntgen- oder Elektronenstrahlen bestrahlt (im Vorjahr 289 Tonnen), von denen etwa 103 Tonnen (Vorjahr: 132 Tonnen) für den Export in die EU bestimmt waren. Bestrahlt wird in eigens dafür zugelassenen Anlagen, die behördlich überwacht werden müssen. Die Strahlendosis wird in Gray gemessen.

In Deutschland ist lediglich die Bestrahlung von getrockneten aromatischen Kräutern und Gewürzen mit einer maximalen Dosis von 10 Kilogray erlaubt. In mehreren EU-Mitgliedstaaten bestehen weitere nationale Zulassungen für bestimmte Lebensmittel. So dürfen beispielsweise in den Niederlanden Hülsenfrüchte, Hühnerfleisch, Garnelen und tief gefrorene Froschschenkel bestrahlt werden, in Großbritannien Fische, Geflügel, Getreide und Obst. Es ist jedoch untersagt, diese Produkte ohne besondere Genehmigung (so genannte Allgemeinverfügung) nach Deutschland zu importieren. Weltweit ist die Bestrahlung in mehr als 60 Ländern erlaubt. Bestrahlte Ware aus Ländern außerhalb der EU darf derzeit aus Südafrika, der Schweiz und der Türkei eingeführt werden. In jedem Fall müssen so behandelte Produkte gekennzeichnet werden.

(Quelle: Verbraucherzentrale, Stand 8.7.2015)

Belgien:	Kartoffeln, Zwiebeln, Schalotten, Knoblauch, Erdbeeren, Trockengemüse, Paprikapulver, Gewürze, Kräutertee, Garnelen, Krabben, Tiefkühlkost
Dänemark:	Gewürze, Kräuter
Frankreich:	Kartoffeln, Zwiebeln, Schalotten, Knoblauch, Trockengemüse, Trockenfrüchte, Hühnerfleisch, Geflügel
Großbritannien:	Sterilisierte Krankenhauskost
Italien:	Kartoffeln, Zwiebeln, Knoblauch
Niederlande:	Zwiebeln, Gewürze, Geflügel, Fisch, Fischprodukte, Garnelen, Krabben, Tiefkühlkost

Spanien: Kartoffeln, Zwiebeln
Südafrika: Tomaten, Bohnen, Zwiebeln, Mandeln, Avocado, Bananen, Erdbeeren, Mango, Papaya, Soja-Produkte
Israel: Alle Gemüse und Obst, ausgenommen Trockenfrüchte, Getreide, Hühnerfleisch
Kanada, USA, Thailand, Chile, Bulgarien: Getreide

7.4 Was können wir als Verbraucher tun?

- Lebensmittel aus Ländern, in denen bestrahlt wird, nicht kaufen.
- Die Produkte direkt beim Erzeuger kaufen und hier vor allem auf biologische Produkte achten.
- Vorsicht beim Kauf von Getränken in Dosen und Flaschen.
- Bei Verdacht auf ein bestrahltes Nahrungsmittel wenden Sie sich an die Polizei oder an das zuständige Lebensmittelüberwachungsamt oder an das Veterinäramt.
- Fordern Sie die Kennzeichnungspflicht bestrahlter Lebensmittel.

Dieses Zeichen wird in Großbritannien und Südafrika zur Kennzeichnung bestrahlter Lebensmittel verwendet. Es versucht den Verbraucher zu täuschen, indem es an ökologische Produkte erinnert.

Symbol für bestrahltes Material. Die Bedeutung ist klar zu erkennen.

Quelle:
Heft 1, Rittmeyer, Ingo F., Bestrahlte Lebensmittel: Werden die Verbraucher getäuscht?, Grüne Schriftenreihe Unikat Verlag, Frankfurter Str. 14, 65520 Bad Camberg, 1983

8. Abkehr von der Kernenergie

8.1 Die Warnung

Diese Broschüre ist nicht geschrieben worden, um die radioaktive Bedrohung zu verharmlosen, sondern im Gegenteil, um zu zeigen, daß es der größte Selbstbetrug ist, weiterhin in blindem Optimismus zu leben.

Die Maßnahmen, die wir aufgezeigt haben, sind nach und nach im Alltag umzusetzen, und die notwendige persönliche Entwicklung wird uns vielleicht anfangs nicht immer leichtfallen, aber es bleibt uns keine andere Wahl mehr. Damit kommen wir zu unserem nächsten Thema, den Kernkraftwerken.

Tschernobyl und Fukushima betrachten wir als letzte Warnung für die Menschheit. Wenn wir jetzt nicht darauf reagieren, sieht die Zukunft sicherlich nicht mehr rosig für uns aus.

Es gibt auf Englisch einen Spruch: „When man turns a deaf ear to Gods words, then he first makes him mad before he destroys him“. Frei übersetzt: „Wenn der Mensch die Gesetze der Natur total mißachtet, dann nimmt ihm Gott auch noch seinen letzten gesunden Menschenverstand, so daß er sich selbst zerstört“. Und gerade da stehen wir heute: Die Menschen sind wahnsinnig geworden und auf dem besten Wege, sich selbst zu zerstören.

Die Natur fordert jetzt Rechenschaft von der Menschheit für das, was diese ihr bisher angetan hat. Die Menschheit sind wir alle; niemand ist ausgeschlossen, und deshalb liegt es in den Händen jedes einzelnen, die Härte der Vergeltung abzumildern.

Erinnern wir uns einmal an die Geschichte von Sodom und Gomorrha. Als Lot die Botschaft Gottes bekam, daß Gomorrha zerstört werden würde und er mit seiner Familie die Stadt in den nächsten Tagen verlassen sollte, war er zutiefst betroffen. Er betete lange darum, Gomorrha möge verschont bleiben. Der Engel, der ihm die Botschaft gebracht hatte, kam nach einigen Tagen wieder und sagte: „Lot, wenn du in deiner Stadt noch 30 Menschen finden kannst, die bereit sind, Gottes Wort zu hören, wird die Stadt verschont bleiben". Lot war sehr bemüht, aber niemand zeigte Interesse, stattdessen wurde er nur ausgelacht.

Trotzdem betete er weiter, ob es doch noch eine Möglichkeit gäbe, die Stadt zu retten, worauf der Engel ihm mitteilte, daß Gott die Zahl auf 12 reduziert habe. Aber Lots weiteres Bemühen war ebenfalls erfolglos. Nun fing er an, noch intensiver zu beten, und Gott erwies sich wiederum als gnädig. „Wenn du auch nur einen gläubigen Menschen findest, dann verschone ich diese Stadt." Lot fand bei niemandem Gehör und verließ die Stadt erst, als der Engel ihn zum letzten Mal dazu aufgefordert hatte.

Diese Geschichte gewinnt für uns insofern an Aktualität, als Tschernobyl und Fukushima für uns eine Tatsache sind. Wären wir bereit gewesen, die Naturgesetze zu achten, die Botschaft Gottes zumindest anzuhören, wäre die Katastrophe von Tschernobyl und die von Fukushima nicht über uns hereingebrochen. Wir wollen nicht glauben, daß Ereignisse nicht zufällig passieren. Daß sie eine unmittelbare Folge unserer Handlungen sind, sogar wenn diese Handlungen weit zurück in der Vergangenheit liegen und wir keinen Zusammenhang mehr mit ihnen erkennen können. Täglich werden wir Zeuge davon, wie der Mensch als Beherrscher der Natur kläglich scheitert. Allerdings muß das Handeln grundsätzlich ein anderes sein. Kompromisse zahlen sich letztendlich nicht aus. Nur wenn wir uns wahrhaft an die Naturgesetze halten, werden wir auch zutiefst befriedigende Ergebnisse erhalten, die wahre Freude in unser Leben bringen.

8.2 Das Restrisiko

- Erstmal muß klargestellt sein, daß es nie eine zu 100 % sichere Technik gibt und geben wird.
- Zweitens ist das Wissen über Kernenergie sehr mangelhaft. Ein Beispiel liefert Harrisburg auf Three-Miles-Island (TMI): Der Computer rechnete aus, daß im Falle eines Unfalls nur 1 % des Metalls im Reaktorkern chemisch so mit dem Wasser reagieren würde, daß Wasserstoff frei werden würde. In Wirklichkeit reagierten 25–30 % des Metalls in dieser Weise, zum Glück kam es in Harrisburg trotzdem zu keiner Explosion.
- Dies bringt uns zum dritten und vielleicht wichtigsten Punkt, dem menschlichen Risikofaktor. Er zeigt uns: Ganz gleich, wie gut man sich technisch absichert, der unberechenbare Mensch bringt ein unkalkulierbares Risiko ins Spiel.
- Viertens wird die Natur immer Mittel und Wege finden, eine offene Rechnung zu begleichen.

8.3 Der menschliche Risikofaktor bei der Katastrophe von Harrisburg

Dort gab es zwar mechanische Fehlfunktionen (ein undichtes Schleusentor ließ das Wasser für zwei Stunden aus dem Kühlsystem herausfließen), aber der Unfall beruhte im Grunde genommen auf menschlichem Versagen. So haben z. B. die Techniker im Kontrollraum auf dem Höhepunkt dieser Krisensituation versehentlich die Kühlanlage außer Betrieb gesetzt, indem sie den Wasserzufluß stoppten, anstatt vermehrt Wasser hereinfließen zu lassen, bis das Schleusentor repariert werden konnte. Dadurch kam es zum Schmelzen der Reaktorstäbe, wie es auch in Tschernobyl geschah.

Zusätzlich wurde am ersten Tag der Krise eine kleine Wasserstoffexplosion verschwiegen, da die Computeraufzeichnungen nicht kontrolliert wurden. Bevor der Unfall passierte, wurden entgegen der Vorschrift drei Ersatzpumpen außer Betrieb gesetzt. Wären sie einsatzbereit gewesen, hätte das Unglück vielleicht abgewendet werden können.

Dies sind nur einige Beispiele für menschliches Versagen, die bei dem Unfall in Harrisburg ausschlaggebend waren.

Der Mensch lernt nur nach der „trial-and-error"-Methode (Versuch und Irrtum). Aber in der Größenordnung der Auswirkungen von KKW-Unfällen, mit tödlichen Folgen für viele Menschen, sind Fehler als Lernquelle nicht tolerierbar.

Die Untersuchungskommission brachte Hunderte von Fehlern ans Tageslicht. Es war auch nicht das erste Mal, daß solche Fehler begangen wurden, durch die es zu einem Super-GAU, wie er in Tschernobyl passiert ist, leicht hätte kommen können.

In einem anderen Fall war es Eifersucht, welche einen Unfall verursachte. Ein Techniker zog absichtlich einen Reaktorstab aus einem Forschungsreaktor, um seinen Nebenbuhler durch radioaktive Strahlung umzubringen. Durch eine Kettenreaktion kam es zu einer kleineren Explosion, bei der drei Menschen ums Leben kamen.

Kleinere und größere Unfälle sind immer wieder auf der ganzen Welt passiert. Wir wissen noch immer nicht genau, wie es zu dem Unfall in Tschernobyl kam. Die Russen behaupten, daß ihre Sicherheitsvorkehrungen die besten seien, da sie angeblich nicht auf Profit abzielen würden, aber auch die anderen Betreiberstaaten behaupten, daß ihre Reaktoren den Sicherheitsstandards entsprechen.

Aber nicht nur die Unfälle sind es, die uns gefährden; die Beseitigung der radioaktiven Abfälle stellt zusätzlich eine ständige Bedrohung dar. Im Jahre 2011 gab es 442 Kernkraftwerke auf der Welt und 65 befanden sich im Bau. 2016 gibt es 443 Atomkraftwerke in Betrieb und 150 sind geplant. Ungefähr 12.000 Tonnen hochgradig radioaktiven Abfalls werden jedes Jahr produziert. Und diese Menge nimmt stetig zu, ohne daß irgendeine vernünftige und wirkungsvolle Entsorgungsmethode entwickelt worden wäre. Schnelle Brüter wurden als die Lösung für das Energieproblem der Menschheit gefeiert und gleichzeitig als Lösung für die Frage der Abfallentsorgung. Dabei hatte Admiral Hyman G. Rickover bereits im Jahr 1956 die größten Mankos atomarer Brüter zusammengefaßt: „... sehr teuer in der Konstruktion, kompliziert in der Handhabung, des öfteren anfällig. Müssen für einen längeren Zeitraum stillgelegt werden aufgrund selbst geringer Fehlleistungen, und schwierig und zeitaufwendig in der Reparatur.“ Seine Ausführungen basierten auf den Erfahrungen, die er mit einem natriumgekühlten Reaktor gemacht hatte, der entwickelt worden war, um eines der früheren amerikanischen Atom-U-Boote mit Energie zu versorgen. Die Schnellen Brüter stellten sich als ein Riesenflop heraus. Frankreichs Superreaktor, mit Namen Superphénix, wurde 2009 für immer vom Netz genommen, nachdem es mehrere schwere Pannen gegeben hatte. Japans Monju war nach dem kapitalen Natrium-Schmelzbrand 1995 so schwer beschädigt, daß es über acht Jahre gedauert hätte, ihn wieder in Betrieb zu nehmen. Die skandalöse Vernachlässigung und die darauf folgende Gerichtsverhandlung verhinderten die Wiederinbetriebnahme bis 2010.

Das Problem der Abfallbeseitigung der KKWs war aber erst einmal durch Tschernobyl in den Hintergrund gedrängt worden. Damals fragten die Leute: „Muß es erst zu einer weiteren Katastrophe kommen, bevor die Menschheit aufwacht?“

Die Schwierigkeit besteht darin, daß der Mensch zu sehr in die eigenen Entdeckungen und in die Technik verliebt ist. Er überzeugt sich dann auch selbst, ausgehend von seinen Vorstellungen und seinem „Wissen“. Aber dabei zieht er die Launen der Natur und das dahinter stehende Gesetz von Ursache und Wirkung nicht in Betracht.

Fukushima sollte uns dazu veranlassen, anders zu denken und anders zu handeln. Alles kann passieren. Nur mal angenommen, daß ein Meteor in eine dieser radioaktiven Endlagerstätten einschlägt. Die Natur wird ihren Weg der Vergeltung finden. Selbstverständlich sind Atomreaktoren auch nicht das größte Problem auf unserer Erde.

Jeder moderne Reaktor verwendet ungefähr 100 Tonnen Uran jährlich, dieses wird von Neutronen bombardiert. Jedoch relativ wenige von diesen Uranatomen können gespalten werden, um Energie zu produzieren. Der größte Teil spaltet sich nicht, er absorbiert die Neutronen und wird in neue radioaktive Isotope transformiert. Diese Abfälle haben Halbwertzeiten von Hunderten, Tausenden bis Millionen Jahren:

Plutonium 239:	24.000 Jahre
Nickel 59:	80.000 Jahre
Techneticum 99:	213.000 Jahre
Jod 129:	15,9 Mill. Jahre

Viele von diesen Isotopen haben eine natürliche Affinität zu unserem Körper. Einerseits sind viele unstabile Isotope sowieso als normale Elemente im Körper, andererseits nimmt der Körper manche gerne auf, wie Plutonium 239. In erster Linie ziehen die Knochen es an, aber es lagert sich auch in der Lunge und den Lymphdrüsen ab.

Viele Lagerstätten haben mit den radioaktiven Abfällen schon ihre Umgebung verseucht. 1973 sickerten über 400.000 Tonnen radioaktiver Abfall aus einem Behälter in Hanford, USA. Er enthielt 14.000 Curie Strontium 90 und 40.000 Curie Caesium 137. Dies wurde natürlich von der Atomkommission verharmlost. Hier erkennt man wiederum den Risikofaktor Mensch, denn die Monitore zeigten an, daß Flüssigkeit aus den Behältern sickerte. Aber der für die Sicherheit zuständige Techniker gab später an, zu beschäftigt gewesen zu sein, um sich näher mit dem Unfall zu befassen. Das Plutonium in der durchgesickerten Flüssigkeit hatte sich in der Umgebung auf eine kleine Fläche konzentriert. Es bestand die Möglichkeit, daß es zu einer Explosion kommen könnte. Sogar die Atomkommission ließ 1973 einen Teil des radioaktiven Stoffes abtragen, was sehr viel Geld kostete. Dr. Zhores Medvedev ist der Meinung, daß die Explosion von Hanford 1957 durch die Konzentration hochradioaktiver Abfälle in einem Behälter zustande gekommen sei.

Im Großen und Ganzen gibt es keine Technologie, die die Sicherheit gibt, daß die Abfälle für die notwendigen Tausende und Abertausende von Jahren sicher abgeschirmt werden können. Es liegt in der menschlichen Natur zu sagen: „Jetzt haben wir die endgültige Technik gefunden“, aber die Natur weist uns immer wieder zurecht.

Ein Reaktor hat eine Lebensdauer von 30–40 Jahren, danach muß er stillgelegt oder überholt werden, da zuviel Radioaktivität aus den Wänden entweicht.

Beim gegenwärtigen Stand der Expansion und des Energiebedarfs wird das gesamte Uran auf der Welt in 25–30 Jahren verbraucht sein. Dann haben wir keine Atomenergie mehr, müssen aber mit Millionen von Tonnen Abfall unser Leben fristen.

Jetzt ist die Zeit, uns endgültig und weltweit umzustellen auf andere Arten der Energiegewinnung, die sanft, sicher und sauber sind. Hier wird eine Parallele deutlich: Wie behandelt der Mensch die Natur und mit welchen Methoden läßt er sich selbst behandeln?

Die allopathischen Methoden sind Methoden, die genauso gewaltsam zerstörend auf die Natur des Menschen einwirken. Sie vergiften seinen Körper und seinen Geist. Der „Abfall“ an Giftstoffen belastet den Menschen zusätzlich zu der nicht vorhandenen Heilwirkung.

Vergleichbar der naturgemäßen Energiegewinnung ist auf medizinischem Gebiet die Homöopathie: Sie wirkt sanft, sicher und sauber, ohne Vergiftungen, Nebenwirkungen oder gar Umweltvergiftung, weder in der Herstellung noch in der Anwendung noch in ihrer Endlagerung, d. h. Beseitigung nach Verfallsdatum.

Lassen wir abschließend die Paragraphen 1 und 2 von Samuel Hahnemanns „Organon" und die Fußnote zu § 1 tief auf unser Herz wirken:

§ 1

Des Arztes höchster und einziger Beruf ist, kranke Menschen gesund zu machen, was man Heilen nennt.[1]

§ 2

Das höchste Ideal der Heilung ist schnelle, sanfte, dauerhafte Wiederherstellung der Gesundheit, oder Hebung und Vernichtung der Krankheit in ihrem ganzen Umfange auf dem kürzesten, zuverlässigsten, unnachteiligsten Wege, nach deutlich einzusehenden Gründen.

1.) Nicht aber (...) das Zusammenspinnen leerer Einfälle und Hypothesen über das innere Wesen des Lebensvorgangs und der Krankheitsentstehungen im unsichtbaren Innern zu sogenannten Systemen, oder die unzähligen Erklärungsversuche über die Erscheinungen in Krankheiten und die, ihnen stets verborgen gebliebene, nächste Ursache derselben usw. in unverständliche Worte und einem Schwulst abstakter Redensarten gehüllt, welche gelehrt klingen sollen, um den Umwissenden in Erstaunen zu versetzten – während die kranke Welt vergebens nach Hilfe seufzt. Solcher gelehrter Schwärmereien (man nennt es theoretische Arzneikunst und hat sogar eigene Professuren dazu) haben wir nun gerade genug, und es wird hohe Zeit, daß, was sich Arzt nennt, endlich einmal aufhöre, die armen Menschen mit Geschwätz zu täuschen, und dagegen nun anfangen zu handeln, das ist, wirklich zu helfen und zu heilen.

9. Gesundheitliche Gefahren durch Ozon und Sonne

Ozon ist eine Sauerstoffverbindung mit charakteristischem Geruch, die sich in der Luft bei Einwirkung energiereicher Strahlung oder bei elektrischen Entladungen bildet.

Auf natürliche Weise kommt das Ozon in der Stratosphäre in etwa 10 bis 50 Kilometern Höhe als Schutzmantel um die Erde herum vor. Es verhindert, daß die lebensgefährlichen UV-A- und B-Strahlen auf die Erde gelangen können, und läßt die langwelligen UV-C-Strahlen hindurch. Das Ozonloch in der Atmosphäre birgt also große gesundheitliche Risiken für den Menschen. Das Ozon, welches auf der Erde vorkommt, kommt nicht aus dem Weltraum, sondern entsteht in Bodennähe durch die Reaktion vor allem mit Kohlenwasserstoffen und Stickoxiden. Besonders das höchst giftige Stickstoffdioxid, das durch Abgase aus Kraftfahrzeugen, Kraftwerken, Heizungen, Laserdruckern etc. entsteht, ist für die Ozonbildung mitverantwortlich.

Ohne UV-Strahlen können diese Schadstoffe nicht in Ozon umgewandelt werden. Daher ist die Ozonbelastung im Sommer am größten. Die höchsten Ozonwerte werden am Nachmittag erreicht und bei Sonnenuntergang fallen sie wieder ab. In der Nacht setzt der Abbau des Ozons ein, und zwar interessanterweise wiederum durch Stickoxide. Deshalb geht die Ozonkonzentration in der Stadt schneller zurück als auf dem Land, wo die Stickoxidkonzentration wegen des geringeren Autoverkehrs etc. nicht so hoch ist. Allerdings kann bei länger anhaltenden Schönwetterperioden nachts nicht genug Ozon abgebaut werden, wodurch die tägliche Gesamtbelastung steigt. Auch Temperatur, Luftfeuchtigkeit und Windverhältnisse haben einen Einfluß auf die Ozonwerte.

Pflanzen als Ozonanzeiger

Im übrigen gibt es bestimmte Pflanzen, die auf eine erhöhte Konzentration von Ozon besonders empfindlich mit gelben Blättern und Blätterabfall reagieren, z. B. Tabak, Bohnen, Spinat, Süßkirschen, Walnuß und Wein. Auch scheint es einen Zusammenhang zwischen Ernteminderung bei Weizen und Ozonanreicherung zu geben. Wenn Sie sich diese Pflanzen nicht im Garten oder auf dem Balkon als Ozonanzeiger halten können, so gibt es in vielen Drogerien einen Ozontest zu kaufen.

Wo kommt Ozon noch vor?

In der Natur finden wir Ozon in hohen Berglagen mit sauerstoffarmer, dünner, kristallklarer Luft. Auch nach einem Blitzschlag bildet sich durch die elektrische Entladung Ozon. Nach einem reinigenden Gewitter ist die Luft frisch und klar. Ozon ist in konzentrierter Form tiefblau, deshalb wirkt die Natur nach einem Gewitter durch ihre intensiven Farben besonders frisch. Ozon wird auch künstlich hergestellt, bzw. ist ein Abfallprodukt von Fotokopierern, Laserdruckern, Laserfaxgeräten und Solarien. Wer viel mit diesen Geräten arbeitet oder sich häufig unter die künstliche Sonne legt, ist daher besonders gefährdet.

Wofür verwendet man Ozon?

Ozon ist ein sehr reaktionsfreudiges Gas. Seine starke Oxydationsfähigkeit wird genutzt, um Trink- und Schwimmbadwasser keimfrei zu machen und Räume mit schlechter Luft zu reinigen. In der Naturheilkunde bedient man sich des Verfahrens der Ozonwäsche. Dabei wird das Blut mit Sauerstoff angereichert, um die Sauerstoffversorgung des Körpers zu verbessern. Es reinigt das Blut von Krankheitserregern und fördert die Durchblutung.

Welche Beschwerden entstehen durch Ozon?

Je tiefer und häufiger eingeatmet wird, z. B. bei Sport und körperlicher Anstrengung, desto mehr Ozon nimmt man auf. Als Risikogruppen gelten Kinder, chronisch Kranke – vor allem mit Lungenproblemen,

Asthmatiker, Allergiker, alte und abwehrschwache Menschen. Allerdings gibt es auch eine Studie des Instituts für Arbeitsmedizin der Universität München, die zu einem gegenteiligen Ergebnis gekommen ist. Demnach scheinen Sportler und Senioren für das Gas weniger anfällig zu sein.

Wie können Sie sich vor Ozon schützen?
Zwischen 8.00 und 10.00 Uhr morgens sind die Ozonwerte am geringsten. Kinder sollten an heißen, smogbelasteten Tagen weniger körperliche Anstrengungen auf sich nehmen. Für extrem empfindliche Personen gibt es jetzt sogar eine Ozonbrille zu kaufen. Atemschutzmasken oder auch nur ein Taschentuch vor Mund und Nase gehalten, filtern Ozon sehr gut aus. Auch Klimaanlagen filtern die Außenluft durch, so daß fast kein Ozon mehr in die Innenräume gelangt. Die Innenräume selber können aber durch Ozon erzeugende Geräte trotzdem belastet sein.

Am sinnvollsten ist es jedoch, wenn Sie versuchen, die körpereigenen Selbstheilungskräfte durch eine gezielte homöopathische Behandlung zu stärken. Dann wird Sie das Ozon immer weniger belasten.

9.1 Homöopathische Behandlung bei Ozonbelastung

9.1.1 Ozon

Potenziertes ***Ozon*** ist das wichtigste Mittel bei Ozonbelastung. Es ist vor allem bei folgenden Symptomen angezeigt: Kopfschmerzen, Übelkeit, Kreislaufschwäche und Reizung der Lungen.

9.1.2 Hydrogenium

Bei Augenbrennen, Lungenreizung und echten Herzbeschwerden kommt eher ***Hydrogenium*** (Wasserstoffperoxid = H_2O_2) in Frage.

9.1.3 Oxygenium

Sauerstoff ist ein weiteres Mittel, das bei Ozonbelastung eingesetzt wird. Es enthält auch Ozon in geringem Maß. Der genaue Unterschied in der Wirkung zwischen dem homöopathisch aufbereiteten ***Ozon*** und ***Oxygenium*** ist noch nicht ausgearbeitet worden.

9.1.4 Radium bromatum

Wenn die oben genannten Mittel bei Kehlkopf- oder Halsreizung nicht helfen, hat sich ***Radium bromatum*** bewährt.

So wirkt Ozon auf die Gesundheit	
Aktuelle Ozonwerte sind über die Gesundheitsreferate der Kommunen sowie bei den Landratsämtern telefonisch zu erfragen. Ab 180 Mikrogramm Ozon in der Luft wird die Bevölkerung über Radio informiert. Viele Zeitungen veröffentlichen täglich Ozonwerte.	
Ozon-Konzentration*	**Wirkung auf den Menschen**
40	Stechender Ozongeruch wahrnehmbar
100	Kopfschmerzen, Müdigkeit
120	Bei empfindlichen Personen Hustenreiz und Augenbrennen, bei Sportlern sinkt die körperliche Leistungsfähigkeit
160	Schleimhautreizungen, Lungenfunktionsstörung bei 10 % der Empfindlichen und 5 % der Gesamtbevölkerung
240	Zunahme von Asthmaanfällen
300	Bleibende Schäden bei Risikogruppen
400	Bleibende Schäden auch bei Gesunden

* in Mikrogramm pro Kubikmeter Luft (nach WWF)

9.2 Homöopathie bei Sonnenallergie

Durch die zunehmende Ausdehnung des Ozonlochs kommen vermehrt ultraviolette Strahlen auf die Erde. Vor allem die aggressiven, kurzwelligen UV-C-Strahlen, die normalerweise durch die Ozonschicht zurückgehalten werden, können jetzt ungehindert auf die Erde einwirken. Nur die langwelligen UV-A-Strahlen können die Ozonschicht passieren. Diese Fakten haben mit dazu beigetragen, daß die Krebsrate in den letzten zehn Jahren um 100 % gestiegen ist. Hautkrebs steht damit an zweiter Stelle aller Krebserkrankungen.

Wir müssen lernen, mit der stetig zunehmenden Strahlung der Sonne zurechtzukommen. Die Ionosphäre ist schon längst beschädigt, so daß wir weniger Schutz haben als vor 50 Jahren, und dies kann sich in der Zukunft noch schlimmer auswirken.

Auch carotinhaltige Nahrungsmittel und die Farbe Orange helfen dem Körper, sich besser gegen die aggressiver gewordene Kraft der Sonne zu schützen.

Menschen mit sehr heller Haut können ihre Haut widerstandsfähiger machen, indem sie sich mit einer Bürste aus Pferdehaar oder Kupferdraht bürsten, die Haut kräftig klopfen und abwechselnd heiß–kalt duschen.

Das Reduzieren von weißem Zucker sowie glutenhaltiger Nahrungsmittel unterstützt den Prozeß erheblich.

9.2.1 Sol

Als Sonnenschutzfaktor steht die potenzierte Sonnenenergie (Sol) an erster Stelle. Dabei wird Alkohol eine Stunde der direkten Sonnenbestrahlung ausgesetzt und dann potenziert.

Das regelmäßige Einnehmen dieses Mittels bildet den natürlichen Schutzfaktor gegen die schädlichen UV-C-Strahlen aus. Insbesondere kann die Neigung zu Hautkrebs nach und nach aufgelöst werden.

Außerdem wird der Organismus so gestärkt, daß die Haut weniger empfindlich auf Sonne reagiert und somit einem Sonnenbrand vorgebeugt werden kann. Verspannungskopfschmerzen, die von der Sonne ausgelöst werden und vor allem von der Halswirbelsäule ausgehen, werden sehr günstig beeinflußt.

- ***Dosierung: Sol LM 30*** oder C 30, 3 Tropfen prophylaktisch alle vier Wochen einnehmen.
  Im akuten Zustand ***Sol C 30***,1–3x täglich 3 Tropfen auf etwas Wasser, je nach Intensität der Symptome

Die Einnahme von ***Sol*** stellt aber keinen Freibrief für unvernünftiges Handeln dar, z. B. sich zwischen 12.00 und 16.00 Uhr (Normalzeit 11.00 –15.00 Uhr) in der Sonne braten zu lassen. In diesem Zusammenhang sei auf die irreführende Sommerzeit hingewiesen, die über die natürlichen Rhythmen hinwegtäuscht. Unser Leben richtet sich nicht mehr nach dem Sonnenstand, es ist eine künstliche Zeit geschaffen worden.

Essig

In höheren Bergregionen ist die UV- und Ozonbelastung größer, und es sollten zusätzlich entsprechende Schutzmaßnahmen ergriffen werden. Wenn Sie trotzdem einen Sonnenbrand bekommen, haben sich Einreibungen oder Auflagen mit ***Essig*** bewährt, insbesondere wenn es zu Vereiterung kommt.

Brennessel

In den Fällen, wo Essig nicht hilft, z. B. wenn man vorher die verbrannten Hautpartien mit kaltem Wasser gekühlt hat, erweist sich die Brennessel als letzte Rettung. Überbrühen Sie frische oder getrocknete ***Brennesselblätter*** mit heißem Wasser und geben Sie den Tee lauwarm auf den Sonnenbrand. Weitere Möglichkeiten bieten in neuester Zeit die Chakrablüten Essenzen.

9.2.2 Natrium muriaticum

Dieses Mittel ist vor allem wichtig bei einem Hitzestau. Wenn man z. B. in der Sonne eingeschlafen ist, in der Mittagshitze Auto fährt, sich zu lange in einem überhitzten Zelt oder am Strand aufhält. Durch die Sonneneinwirkung bilden sich auf der unbedeckten Haut kleine, erhabene, rote Punkte, die sehr jucken und brennen. Die Punkte können so eng aneinander liegen, daß alles ineinander verläuft. Der betroffene Körperteil schwillt an, ist rot und heiß. Das Allgemeinbefinden ist meistens mitbeeinträchtigt und äußert sich durch z. B.: Niedergeschlagenheit, Schwäche, Erschöpfung und Kopfschmerzen.

9.2.3 Rhus venenata

Rhus venenata ist hilfreich bei einer heftigen Sonnenallergie, wenn sich größere Bläschen bilden, die unerträglich jucken. Im Extremfall können sie sich dunkel verfärben und sogar eine schwarze Kruste bilden.

9.3 Chakrablüten Essenzen bei Sonnenallergie

9.3.1 Solarplexus Essenz

Unregelmäßigkeiten des Solarplexus können auf der energetischen Ebene den Körper empfindlicher gegenüber der Sonne machen. Die Chakrablüten Essenz ***Solarplexus Essenz*** (Kohllauch) hat eine sehr positive Wirkung auf diese Personen gezeigt. Der Solarplexus entspannt sich immer mehr und dadurch vermag die Sonne keine so aggressive Wirkung mehr auf die Person auszuüben. Infolgedessen werden auch Begleitbeschwerden wie Kopfschmerzen, Schwäche, schwächende Schweiße, Hitzewallungen, Kreislaufprobleme, Schwäche in der Herzgegend usw. heilsam beeinflußt.

9.3.2 Sonnenlob Lotion

Diese Sonnenlotion regt die Hautzellen an, sich mit den Sonnenstrahlen auseinanderzusetzen, und beugt Sonnenbrand oder Hitzepickeln vor. Diese Hauterscheinungen sind ein Zeichen dafür, daß der Organismus einer Unterstützung bedarf. Die Haut vor der Sonne hermetisch abzuriegeln, stellt keine Lösung dieser konstitutionellen Schwäche dar. Im Gegenteil können dadurch Mangelerkrankungen entstehen wie ein Vitamin-D-Mangel, Osteoporose, Licht- und Sonnenüberempfindlichkeit, Niedergeschlagenheit etc.

Menschen mit sehr empfindlicher Haut können mit der Lotion schon einige Tage vor dem Sonnenbad Impulse zur Selbstheilung der Haut setzen. In der Umstellungsphase zur Gewöhnung an die Sonnenstrahlen kann es zu einer leichten Hautrötung kommen. Begeben Sie sich dann sofort aus der Sonne und tragen Sie die Sonnenlotion nochmals auf, um einem Sonnenbrand vorzubeugen. In der Regel wird Ihre Bräunungszeit durch die Lotion erheblich beschleunigt. Ihre Haut vermag dann selbst Schutzpigmente gegen die Sonne zu entwickeln und kann die wertvollen heilsamen Sonnenstrahlen für den gesamten Organismus nutzen.

9.3.3 Sonnenwohl Creme

Diese Sonnencreme ist für die sehr empfindliche Haut von Babys, rothaarigen und sehr hellhäutigen Menschen empfehlenswert, die schon im Schatten mit der Sonne Probleme haben können. Die Creme ist reichhaltiger und deckender als die ***Sonnenlob Lotion***. Beide arbeiten nicht nach dem Prinzip eines äußeren Lichtschutzfaktors, sondern helfen dem Organismus, einen Schutz von innen aufzubauen.

Die ***Sonnenwohl Creme*** kann auch dann eingesetzt werden, wenn es zu einem Sonnenbrand gekommen ist.

Schutz vor intensiver Sonnenstrahlung

- 4–6 Wochen, bevor Sie sich vermehrt der Sonne aussetzen, sollten Sie sich mit der ***Solarplexus Essenz*** vorbereiten. Nehmen Sie täglich einen Tropfen morgens ein und halten dabei kurz inne, um sich ganz auf die Wirkung der Essenz einzulassen.
- In den letzten zwei Wochen können Sie Ihre Haut noch widerstandsfähiger machen, indem Sie die empfindlichen, der Sonne ausgesetzten Hautpartien mit der Chakrablüten ***Sonnenlob Lotion*** schützen.
- Sollten Sie trotzdem einen Sonnenbrand bekommen, fällt er viel milder aus. In solchen Fällen hilft die ***Sonnenwohl Creme***.

Schlußwort

Wir hoffen, daß die Menschheit bald zur Einsicht gelangt und sich ganz von der Atomenergie abwendet. Der Einsatzbereich der homöopathischen Mittel und der Chakrablüten Essenzen in Bezug auf Radioaktivität und Sonne wird durch die Erfahrungswerte der Anwender stetig erweitert. In unserer „*SURYA – Zeitschrift für Lebensfreude & Heilung, Fachzeitschrift für Homöopathie und Chakrablüten Essenzen*“ berichten wir laufend über neue Erkenntnisse.

Lebensmittelmeßstellen auf Radioaktivität

Gesellschaft für Strahlenmeßtechnik, Dorotheenstraße 26a,
48145 Münster , Tel.: +49 (0)251 6086060

Katalyse, Institut für angewandte Umweltforschung e. V., Volksgartenstr. 34,
50677 Köln, Tel.: +49 (0)221 94 40 48 - 0

Umweltinstitut München e.V., Landwehrstr. 64 a, 80336 München
Tel.: +49 (0)89 30 77 49 - 0, www.umweltinstitut.org

Gesellschaft für Strahlenschutz, Grenzstr. 20, 30627 Hannover
Tel.: +49 (0)511 95 48 34 82 , www.gfstrahlenschutz.de

Literaturnachweis und weiterführende Literatur

1. „Strahlenschutz im Selbstschutz", Broschüre des Bundesverbandes für Selbstschutz, 1986
2. Wigmore, Anne: „Be your own Doctor", Hippocrates Health Institute, Boston, 1982
3. Popkers, Barry: „The Nuclear Survival Handbook, living through and after a nuclear attack", Arrow Books, 1980
4. Panati, Charles / Hudson, Michael: „The silent intruder", Pan Books, London and Sydney, 1981
5. McKinley, C. Olson: „Unacceptable risk", Bantam Books, 1976
6. Pauling, Linus: „Vitamin C and cancer", 1979
7. Clarke, John Henry: „Radium as an internal remedy", Jain Publishers, Delhi, 1971
8. Lengfelder, Edmund: „Strahlenwirkung – Strahlenrisiko", Ergebnisse, Bewertung und Folgerungen nach einem kerntechnischen Unfall aus ärztlicher Sicht, Hugendubel, München, 1982
9. Stein, Bernhard: „Krebsmortalität von Kindern unter 15 Jahren, Säuglingssterblichkeit und Totgeburtenrate in der Umgebung des AKW Lingen", 1988 – Arbeitsgruppe Umweltschutz, Argus e.V., Gartenstraße 3, 13129 Berlin 62
10. Demuth, Matthias: „Leukämiemortalität bei Kindern und Jugendlichen in der Umgebung des KKW Würgassen", 1988
    Vertrieb: Stadtzeitung, c/o Verein zur Förderung alternativer Medien, Elfbuchenstraße 18, 34119 Kassel
11. „Eltern greifen zur Notwehr" – Bundesweites flächendeckendes Meß- und Warnnetz für Radioaktivität in privater Hand
    Vertrieb: GaU, Altstadt 105, 84028 Landshut (Meßstelle),1988
12. Umweltnachrichten – Informationsbriefe des Umweltinstitutes München e.V., Elsässerstraße 30, 81667 München, 1986
13. Strohm, Holger: „Warum auch geringe Radioaktivität lebensgefährlich ist", Zweitausendeins, Frankfurt, 1986

14. Philberth, Bernard: „Christliche Prophetie und Nuklear-Energie", Christiana-Verlag, Stein am Rhein, Erstauflage 1964
15. „Keimen – pflanz es zu Haus", Packpapier Versand + Verlag, Osnabrück, 1978
16. Allen, H. C.: „Materia Medica of the Nosodes", Sett Dey, Calcutta, 1942
17. Rittmeyer, Ingo F.: „Bestrahlte Lebensmittel: Werden die Verbraucher getäuscht?", Grüne Schriftenreihe, Heft 1, Unikat Verlag, Bad Camberg, 1994
18. „Strahlenschutz, Radioaktivität und Gesundheit", Bayrisches Staatsministerium für Umwelt, Gesundheit und Verbraucherschutz, 1985
19. „Radioaktivität und Strahlung, Umweltschutz in Bayern", Bayrisches Staatsministerium für Landesentwicklung und Umweltfragen, 1994
20. „Strahlenschutzvorsorge", diese Schriften werden kostenlos vom Bayrischen Staatsministerium für Landesentwicklung und Umweltfragen herausgegeben (Rosenkavalierplatz 2, 82925 München)
21. „Tschernobyl, Konzequenzen für die BRD", Dokumentation des Vereins deut. Ing., VDI-Verlag, Graf-Recke-Straße 84, 40239 Düsseldorf, 1986
22. Krause, Peter: „Feuer in Tschernobyl – Die Ukraine nach dem SuperGAU", Flensburger Hefte Verlag, 1994
23. Clarke, J. H.: „A Dictionary of Practical Materia Medica" The Homoeopathic Publishing Co, London, 1902
24. Kent, J. T.: „Arzneimittelbilder", Haug Verlag, Heidelberg, 1958
25. Metzger, J.: „Gesichtete Homöopathische Arzneimittellehre", Haug Verlag, Heidelberg, 1951
26. Der Homöopathie Kurier – Nr. 2 „Die Mittel der Radioaktivität", Gem. Verein zur Förderung der Homöopathie, Seehausen, 1986
27. Shepherd, Dorothy: „Das Wunder der unsichtbaren Kraft" (vergriffen), Lage & Roy Verlag, Riegsee-Hagen, 1995
28. Roy, Ravi: „Die Reaktionen", Lage & Roy Verlag, Riegsee-Hagen, 2010

Homöopathischer Schutz vor Infektionskrankheiten

Die im Jahr 2001 von Ravi Roy und Carola Lage-Roy gegründete ***Surya – Gesellschaft zur Verbreitung der Homöopathie e.V.*** hat sich die Bekanntmachung, Erforschung und Weiterentwicklung der homöopathischen Prophylaxe zum Ziel gesetzt.

Der homöopathische Schutz vor ansteckenden Krankheiten wurde vor 200 Jahren von Samuel Hahnemann entdeckt und weltweit von seinen Nachfolgern weiterentwickelt. Der Schutz hat sich sogar bei Krankheitsepidemien und in Not- und Kriegszeiten bestens bewährt. Er ist sicher, frei von Nebenwirkungen, kostengünstig und stärkt das Immunsystem auch gegen andere Krankheiten. In einer Zeit, in der die Impffolgen verharmlost oder tabuisiert werden und immer mehr Menschen auf der Suche nach einem zuverlässigen Schutz frei von Nebenwirkungen sind, möchte Surya e.V. ihm wieder den Platz verschaffen, der ihm gebührt.

Mit Ihrer Mitgliedschaft und Ihrer Spende können Sie einen entscheidenden Beitrag zur Verbesserung der Gesundheit aller leisten. Die Homöopathie schützt vor Krankheiten, indem sie unser Selbstheilungssystem aktiviert, anstatt es zu bekämpfen.

Vor jeder Prophylaxe wird der aktuelle und chronische Gesundheitszustand erfragt. Mögliche Kontraindikationen werden ausgeschlossen, um einen sicheren und nebenwirkungsfreien Schutz zu gewährleisten. Mit dieser Methode ist es möglich, vor allen Krankheiten zu schützen wie z. B. Masern, FSME, Hepatitis, Salmonellose und sogar vor Borreliose oder Scharlach.

Im ***Homöopathischen Prophylaxe Paß*** werden Zeitpunkt, Art des Schutzes und eventuelle Reaktionen dokumentiert. Damit können Eltern nachweisen, daß sie sich verantwortungsbewußt um den Schutz ihrer Kinder kümmern, ohne sie gesundheitlichen Risiken auszusetzen.

Bei Interesse an einem Schutz vor Grippe, Kinder-, Tropen- oder berufsbedingten Infektionskrankheiten können Sie sich an von Surya e.V. ausgebildete Homöopathen wenden, siehe www.lage-roy.de

Chakrablüten Essenzen

von Carola Lage-Roy

Die ersten Chakrablüten Essenzen 1997 entdeckt, wirken harmonisierend auf die Energiezentren im Organismus von Menschen, Tieren und Pflanzen. Sie unterstützen die homöopathische Behandlung und sind als Essenz, Spray oder Salbe erhältlich.

Das Grundlagenwerk
Die Welt der Chakrablüten Essenzen
Wesen und Wirkung der ersten 12 Essenzen
3., erweiterte Neuauflage 2015

Das Handbuch der Chakrablüten Essenzen
Kurzbeschreibung der ersten 30 Chakrablüten Essenzen
5., erweiterte Neuauflage 2016

In der SURYA Zeitschrift finden Sie die Beschreibungen der Chakrablüten Essenzen und viele Erfahrungsberichte von unseren AnwenderInnen

Homöopathische Ratgeber

HR 1 – Reisen

Für Ausflug, Fernreise, Trekking-Abenteuer oder Geschäftsreise. Homöopathie bietet einen verantwortungsbewußten, gesundheitsverträglichen Schutz vor Reisekrankheiten, Malaria, Borreliose etc.

Enthält die Beschreibungen der wichtigsten Chakrablüten Essenzen für Reisende.

Mit praktischen Reitern zum schnellen Auffinden.
Im handlichen Westentaschenformat, 168 Seiten,
17. Auflage 2023
ISBN 978-3-929108-77-1

HR 2 – Notfälle

Ein Standardwerk, das in keinem Haus fehlen sollte. Hilfreich bei der homöopathischen Vorbereitung auf eine Operation. Es setzt sich mit allen Arten von Verletzungen, Vergiftungen, Verbrennungen (Baumwollhauttransplantations Methode), Knochenbrüchen und Schutz vor Tetanus auseinander.

88 Seiten, 14. Auflage 2019
ISBN 978-3-929108-02-6

HR 3 Impfschäden und ihre pathophysiologischen Auswirkungen

Hier erfahren Sie, welche Krankheiten durch toxische Impfzusatzstoffe und Pathogene entstehen. Eine große Klarheit in den aktuellen Stand der Impfthematik bringen die gut recherchierten Hintergründe über Edward Jenner, den Erfinder der modernen Impfungen.

176 Seiten, 1. Auflage 2021
ISBN 978-3-929108-27-9

HR 4 Die homöopathische Prophylaxe bei Kinderkrankheiten

Kurze Einführung in die Homöopathie, Geschichte der Impfungen und Impfkritiker; Röteln-Schutz auch für Schwangere; Schutz vor Keuchhusten, Mumps, Masern, Polio, Röteln, Tetanus, HiB, Scharlach, Diphtherie.

Mit Chakrablüten Essenzen zur Stärkung des Immunsystems

104 Seiten, 15. Aufl. 2021
ISBN 978-3-929108-02-6

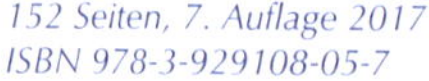

HR 5 Grippe – Erkältungskrankheiten

Mit diesen bewährten Mitteln kommen Sie gesund durch die Erkältungszeit! Sie erfahren, wie Sie sich sicher vor Infekten einschließlich der Grippe schützen, aber auch behandeln können.

Mit ausführlichem Symptomverzeichnis und Organaufbaumitteln.

152 Seiten, 7. Auflage 2017
ISBN 978-3-929108-05-7

HR 6 Schwangerschaft

Gerade in der nebenwirkungsfreien Schwangerschaftsbehandlung liegt eine Domäne der Homöopathie. Sie wirkt heilsam auf die Erbanlagen der Mutter, wodurch dem Kind eine gesündere Basis für sein ganzes Leben gegeben wird. Risiken von Routineuntersuchungen.

Rhesusfaktorunverträglichkeit ist heilbar.

160 S., 12., überarbeitete Auflage 2008
ISBN 978-3-929108-06-4

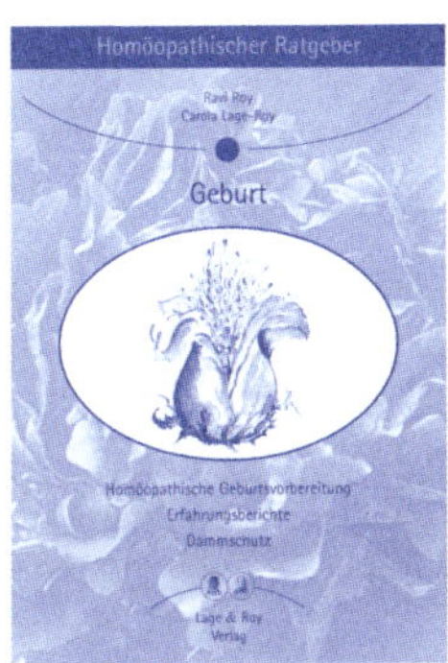

HR 7 – Geburt

Nutzen Sie die fast unglaublichen homöopathischen Möglichkeiten für sich und Ihr Kind bei der Geburt. So vermeiden Sie gewaltsame Eingriffe wie Saugglocke, Pudendusblock und Kaiserschnitt.

80 Seiten, 5. Auflage 2005
ISBN 978-3-929108-08-9

HR 8 – Für eine glückliche Stillzeit

Die Muttermilch ist durch nichts zu ersetzen, deshalb ist die Stillzeit auch so wichtig und bildet die Basis für ein gesundes Leben. Mit Hilfe der Homöopathie kann die Mutter erfolgreich und lange stillen. Erstmals beschrieben wird die traditionelle „Indische Wochenbettmassage".

104 Seiten, 2. erw. Auflage 2021
ISBN 978-3-929108-28-3

HR 9 – Das Baby

Ein Ratgeber für Eltern, Hebammen und Therapeuten. Er beschreibt häufige Beschwerden und Krankheitszustände des Babys bis ins Kindergartenalter und leistet praktische Hilfe auch bei Frühgeburten. Mit vielen Tips und Rezepten für eine gesunde Säuglingsnahrung.

110 Seiten, 3. Auflage 2021
ISBN 978-3-929108-29-3

HR 10 Die klassischen Kinderkrankheiten

Dieser Ratgeber möchte Eltern und Therapeuten helfen, Kinderkrankheiten richtig zu verstehen, und sie befähigen, den Heilungsprozeß mit homöopathischer Hilfe zu unterstützen.
Mit Kurzbeschreibung von neun Chakrablüten Essenzen.

9. überarbeitete Auflage 2021
ISBN 978-3-929108-23-1

HR 11 – Zähne

Mit Homöopathie Karies, Zahnstein und Kieferfehlstellungen verhindern bzw. heilen! Kariesprophylaxe, Alternativen zu Fluortabletten. Wie Sie die Angst vor dem Zahnarzt überwinden können.
Mit Tabelle Beziehung der Zähne zu den Organen.

80 Seiten, 11. Auflage 2023
ISBN 978-3-929108-11-8

HR 12 Grundlagenwissen

Eine spannende und liebevoll verfasste Biografie Samuel Hahnemanns, dem Begründer der Homöopathie, vermittelt seine Philosophie und das Basiswissen. Mit praktischen Anweisungen zur Kunst der Fallaufnahme, Repertorisation, Mittelwahl und Weiterbehandlung.

144 Seiten, 5., erw. Auflage 2005
ISBN 978-3-929108-12-7

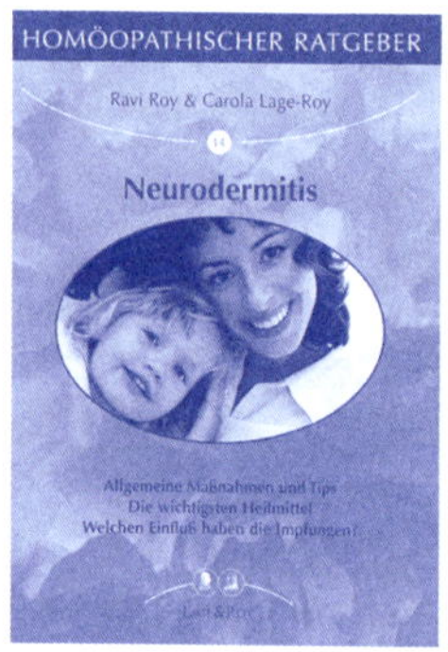

HR 14
Neurodermitis

Die Homöopathie bietet Möglichkeiten, dieses als schwer heilbar geltende Leiden zu heilen. Hier finden Sie die wichtigsten 15 Mittel. Auf den Einfluß von Impfungen, besonders der Polioimpfung, wird anhand von Fallbeispielen eingegangen.

72 S., 7. Auflage 2008
ISBN 978-3-929108-14-9

HR 15 Impfbedingte Erkrankungen erkennen und behandeln

Impfungen können ein enormes Maß an chronischen Krankheiten nach sich ziehen. Durch die hohe Anzahl der Mehrfachimpfungen haben auch die Impffolgen dramatisch zugenommen. Oft können diese Folgen durch Impfstoffnosoden und andere Mittel wieder in Ordnung gebracht werden.

168 Seiten, 9. Auflage 2021
ISBN: 978-3-929108-54-5

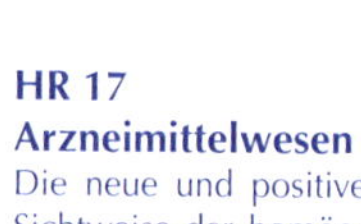

HR 17
Arzneimittelwesen

Die neue und positive Sichtweise der homöopathischen Arzneimittellehre! Ein nützliches Werk, um für sich und andere ein tieferes Verständnis aufzubringen. Es wird deutlich gemacht, wie jedes Arzneiwesen auch gleichermaßen einen Archetypus in sich beinhaltet. Akute Symptomenkomplexe und Charakteristika sind übersichtlich enthalten.

224 Seiten, 3., Auflage 2018, zahlreiche Abbildungen
ISBN 978-3-929108-17-0

HR 18 – Vögel

Dieser Ratgeber hilft bei der homöopathischen Krankheitsprophylaxe, Aufzucht und Pflege von Hühnern, Truthähnen, Gänsen, Enten, Sing- und Ziervögeln. Hier sind die wichtigsten Krankheiten beschrieben und die homöopathischen Maßnahmen aufgezeigt.

80 Seiten, 3. Auflage 2021
ISBN 078-3-929108-18-7

HR 19
Schulschwierigkeiten

Burn-Out und Streß kommen bereits in der Schule vor. Dieser Ratgeber wendet sich an alle Lernenden, die ihr Gedächtnis verbessern möchten. Er zeigt auf, wie das Lernen mit Hilfe der Homöopathie wieder leichter wird. Enthält auch Mittel für überforderte Eltern und Pädagogen.

Mit übersichtlichem Symptomenverzeichnis!

128 Seiten, 7., überarbeitete Auflage 2019
ISBN 978-3-929-108-19-4

HR 21
Ravi Roy
Lungenentzündung entmachten

Für Therapeuten und Laien geeignet!

Die bildhafte Schilderung der Mittel ermöglicht das schnelle und sichere Auffinden des passenden Schutz-, Aufbau- oder Heilmittels. Die klare Aufteilung der Stadien und der dazugehörigen Mittel ermöglicht, den richtigen Zeitpunkt zu erkennen, wann ein Mittel in Frage kommt.

1. Auflage Mai 2020, 96 Seiten, Softcover
ISBN 978-3-929108-68-2

Selbstheilung durch Homöopathie

von Ravi Roy und Carola Lage-Roy

Für alle an der Homöopathie Interessierten ein vorzüglicher Ratgeber in vielen Lebensbereichen.

Die übersichtliche Darstellung der einzelnen Krankheitsbilder und ihrer Symptome erleichtert die Wahl des richtigen homöopathischen Mittels. Mit wertvollen Hinweisen und Tips, wenn kein homöopathisches Mittel zur Hand ist.

416 Seiten, 4. Auflage 2023, ISBN 978-3-929108-65-1

Aufbruch ins Bewußtsein

Die sieben Ursachen aller Krankheiten und ihre Auflösung

von Ravi Roy

Für alle Menschen auf der Suche nach sich selbst stellt dieses Buch über die **sieben Miasmen** eine tiefgehende Selbstfindungshilfe dar. Ein unverzichtbares Grundlagenwerk für die tägliche Praxis.

84 Seiten, mit 7 farb. Übungskarten, gebunden
1. Auflage 2009, ISBN 978-3-929108-21-7

Die Reaktionen und die LM-Potenzen

Ein täglicher Begleiter in der homöopathischen Praxis

von Ravi Roy

Homöopathische Behandlung, die Beurteilung des Verlaufs und der dabei auftretenden Heilreaktionen. Anschauliche Darstellung komplexer Sachverhalte durch Graphiken.

328 Seiten, gebunden
1. Auflage 2010, ISBN 978-3-929108-91-0

HR 16
Mensch und Tier

Bestens geeignet zur Behandlung von Hunden, Katzen und Pferden. Sie finden in diesem Ratgeber wertvolle Hinweise zur Prophylaxe von Staupe und Tollwut ebenso wie zu sanften Wurmkuren.
Aufgeführt werden die häufigsten Katzen- und Hundekonstitutionstypen.

136 Seiten, 5. Auflage 2008
ISBN 978-3-929108-16-3

HR 20
AIDS

Das Phantom AIDS
AIDS in Frage gestellt
Heilungsmöglichkeiten von Immunschwäche

Wie können die Ursachen von AIDS an den Wurzeln angegangen werden und wodurch hat jeder Mensch die Möglichkeit, die Gesundheit wieder zu erlangen?

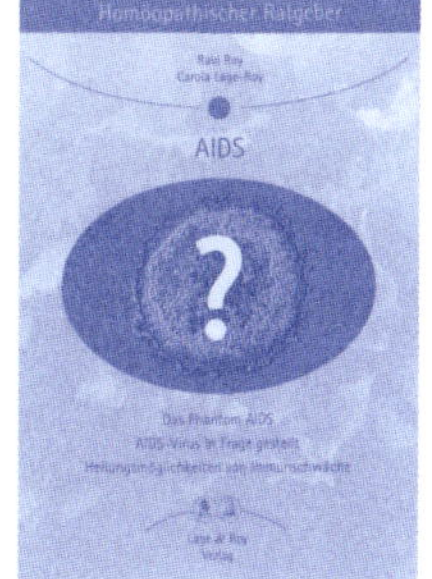

120 Seiten, 1. Auflage 2010
ISBN 978-3-929108-91-0

1. Auflage Januar 2023
336 Seiten
gebunden mit Schutzumschlag

Das Wunder des Purpurmantels

Erleben Sie in Ravi Roys drittem Roman die unglaubliche Entstehungsgeschichte der Heilerschule am Hofe des Purpurmantels.

Der Held der beiden vorausgegangenen Romane, Ronan, und sein Freund Sung ki steigen immer sicherer in das Wesen des Heilens und Kämpfens ein. Könnte seine Geschichte nicht auch den Kindern in der Zukunft nützlich sein?

Nur das Zusammenwirken vieler Menschen und so manch geheimnisumwobener Kräfte kann die Individualität der Kinder bewahren und sie gesund erhalten.

Eine Erzählung von Ehre und Tapferkeit, von Freundschaft und Opferbereitschaft, voller Pathos und Humor.

1. Auflage 2015
560 Seiten mit 53 Farbbildern
gebunden mit Schutzumschlag

Der Hof des Purpurmantels

Die Geschichte: Mit knapp 5 Jahren kommt Ronan zu dem idyllischen Hof der Heiler. Die Trennung von seiner Mutter hat ihm sehr zugesetzt. Er verdrängt dies vollständig und kämpft sich durch. In ein unglaubliches Abenteuer geworfen, findet bald die bezaubernde Anjulie, gejagt von Assassinen, Zuflucht in seinen Armen. Ronan setzt all sein Geschick ein, um Anjulie immer wieder vor den Fängen der Jäger zu bewahren.
Wer ist die mysteriöse Anjulie?

Die Kämpfer des Purpurmantels

Die Helden Ronan und Anjulie nehmen den Kampf gegen die üblen Machtintrigen des Tyrannen Sar A Wan auf, der die Sexualität der Menschheit manipulieren will, um sie damit zu versklaven. Um die Menschheit zu retten, müssen die Helden sich sowohl einem harten Training unterziehen, als auch die hohe Kunst des Heilens meistern. Doch dann bricht eine gefährliche Seuche im Land eines verbündeten Königs aus, der für Frieden und Schutz in diesen unsicheren Zeiten sorgen will.

1. Auflage 2019
512 Seiten
gebunden mit Schutzumschlag

Der neue Ratgeber von Carola Lage-Roy und Ravi Roy

HR 22

Viren und Seuchen abwehren

mit der Macht der Homöopathie und Chakrablüten Essenzen

vorheriger Titel „Biowaffen und Homöopathie"

In diesem Ratgeber geht es nicht nur um die Behandlung und den Schutz vor gefährlichen Krankheiten, die in einem Ernstfall ausbrechen können, sondern es werden auch wertvolle Ratschläge gegeben zur Reinigung und Entgiftung der Organe in Stressphasen, bei Überarbeitung, nach Krankheit oder Schädigung durch Medikamente und Impftoxine.

Die Darstellung der Wesen der Arzneimittel und Kräuter gibt Impulse für eine neue Herangehensweise in der Homöopathie.

Der Schutz und die Behandlung bei Pocken und anderen hoch ansteckenden Seuchen hat eine lange Geschichte in der Homöopathie. Mögen die in Vergessenheit geratenen Erfolge der Homöopathie wieder ins Bewußtsein der Öffentlichkeit gelangen. Die Chakrablüten Essenzen bieten Schutzmöglichkeiten vor Graphenoxyd, Spike-Proteinen, 5G-Strahlung und Impfstoffen sowie die Behandlung der Folgen.

2. Auflage 2023, 153 Seiten, ISBN 978-3-929108-49-1

Regelmäßig finden Workshops und Seminare zu folgenden Themen statt:

- Chakrablüten Essenzen
- Heil- und Chakrenlehre
- Atem- und Körperübungen
- Lernen und Lehren nach den sieben Flammen
- Homöopathische Supervision und Miasmen Workshop
- Ausbildung zum Chakrablüten Essenzen Therapeuten
- Homöopathie im Selbststudium erlernen

Bitte informieren Sie sich auf **www.lage-roy.de**